온유

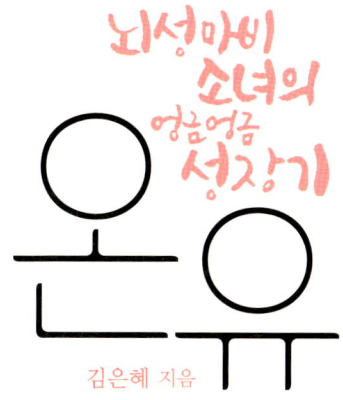

뇌성마비 소녀의 영끔영끔 성장기
은유

김은혜 지음

도서출판 빅애플

프롤로그

앞으로 한 걸음

온유와 놀이터에 나갔습니다.
아이들이 우리를 힐끗힐끗 쳐다봅니다.
온유가 웃으며 말을 걸면 후다닥 달아나 버립니다.
어떤 아이가 다가와 묻습니다.
"왜 다 큰 애가 유모차에 타고 있어요?"

'응…… 우리 온유는 어릴 적에 뇌를 다쳐서 운동 기능에 문제가 생겼단다. 병원에서도 쉽게 고칠 수가 없어서 지금은 걷지를 못해. 하지만 걸으려고 열심히 운동도 하고 있어. 시간이 많이 걸리고 노력이 많이 필요하지만 걸을 수 있게 될 거야. 몸이 좀 불편하긴 하지만, 긍정적인 엄마 아빠도 있고, 귀여운 두 동생도 있고, 또 사랑으로 돌봐주는 사람들이 많아서 우리 온유는 즐겁고 행복하단다.'

이렇게 주저리주저리 이야기하고 싶지만,
"응…… 다리가 아파서 그래." 라고 이야기해 버립니다.

또 어떤 아이가 다가와 말합니다.
"아줌마! 얘 다리가 아파요? 그래서 유모차 타는 거예요?

예쁘게 생겼다. 얘 말할 수 있어요?"
종알종알, 온유에게 관심이 많습니다.

"응…… 온유는 뇌를 다쳐서 지금은 걷지를 못해.
너 혹시 장애를 가진 친구들을 알거나 본 적 있니?"
"네, 우리 학교에도 몇 명 있어요!"

자주는 아니지만 종종 겪는 일이지요.
어른들도 마찬가지예요.
온유와 저를 보고 또 보고 계속 쳐다봅니다.
그럼 저는 눈 마주쳐 웃어주지요.
"이 아이는 어디가 아파요?"라고 물어보시기도 합니다.
어떤 분은 그저 웃으시며 "이쁘다" 하시기도 하구요.

온유의 친구들, 언니 오빠들,
그리고 아줌마 아저씨.
모두에게 말해 주고 싶어요.

"온유는요 ……"

차례

앞으로 한 걸음 004

한 살 온유야 안녕 013

나에게 온 아주 특별한 생명 · 태어나 처음 집에 오던 날 · 고개를 들어올리다 ·
수포, 그리고 딱지 · 백일을 감사해 · 발달이 늦은 아이 · 뇌를 다치면 ·
치료를 위한 입원 생활, 그리고 첫 번째 생일 · 소중한 우리 아기들

두 살 온유의 삶을 시작해요 045

첫 이 · 장애인이 되다 · 먹자 · 놀자 · 첫 발보조기

세 살 온유를 통해 만난 세상 063

장애 전담 어린이집 · 웃는 얼굴, 예뻐요 · 열경기 · 보조의자 ·
나눔 기부 · 오세요, 기적

네 살 부지런한 달팽이 089

손보조기 · 엉금엉금 · 물리 치료, 작업 치료, 언어 치료 · 참 소중한 사람 ·
유니세프 아우인형 · 온유 아빠 · 온유 이모님 · 온유표 김치부침개

다섯 살 동생이 생겼어요 109

내 동생, 리안이 · 받는 기쁨 · 상상하고 기대하기 · 누나에게 양보하기 ·
경기 약 · 그럼에도 불구하고

여섯 살 굳세어라 삼남매 129

막내 시안이 · 우리 누나, 온유 · 함께라면 할 수 있어 ·
트리렙탈, 오르필시럽, 케프라액, 토파막스 · 특별한 나의 딸, 온유 · 괜찮아 ·
언제나 도전

일곱 살 세상 속으로 걷다 153

밝은학교에서 밝은 세상을 배우다 · 달팽이 · 온유의 봄 · 온유의 여름 ·
온유의 가을 · 온유의 겨울 · 멋지다, 삼남매 · 첫 바다 · 재활 승마

여덟 살 우리가 행복할 것을 믿어요 195

수치료 · 특수자전거 · 보톡스 시술 · 장애인을 보는 우리의 시선 ·
이쁜 삼남매 · 또 다른 도전 · 너의 몫 · 불쌍한 게 아니에요 ·
우리가 행복할 것을 믿어요

다시 한 걸음 236

이렇게 영원히 같이 숨쉴 수 있을까…

한 살

온유야 안녕

 나에게 온
아주 특별한 생명

아기도 건강했고, 산모도 건강했습니다.
아기는 "응애" 하고 잘도 울었고,
아기포에 꽁꽁 싸여 엄마 품에 안겨 눈을 맞출 땐
참으로 사랑스런 여자아기였어요.

아기와 잠시 대면하고 나서, 나는 회복실로 갔고,
아기는 태변을 먹었다며 바로 데리고 갔습니다.
그러나 아무리 기다려도 아기와 남편, 그 누구도 오지 않았지요.
출산 직후 누군가의 도움이 필요했던 그때,
제방에 들른 반가운 간호사에게 들은
충격적인 이야기.
나의 아기가 대학병원으로 이송되었다는
소리를 듣게 된 거예요.

잠깐의 만남 후……
우리의 사랑스런 온유는 누구도 예상하지 못했던,
부모가 상상했던 미래와는 너무도 다른 삶을 살게 되었어요.

태어나자마자 몸에 작은 수포가 여덟 개 있었다고 합니다.
그 수포는 시간이 흐를수록 온몸으로 퍼졌고,
여러 약물 투여와 치료에도 점점 더 심해졌습니다.

갓난아기, 너무도 작은 생명인 온유!
조직 검사를 위해 살점을 떼어내기도 했구요,
링거를 맞기 위해 이곳저곳을 찔려야만 했죠.
그렇게 온유는 태어나자마자 홀로 어려움을 맞이했어요.
너무도 슬픈 일이에요.

나는 아이가 너무 보고 싶었고,
만지고 싶었고, 안고 싶었어요.
아이를 낳아 힘든 몸이지만

한 살   온유야 안녕

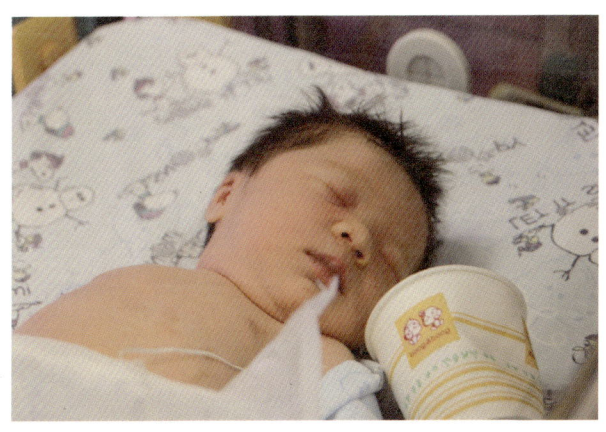

자주 온유를 보러 다녔고,
열심히 모유를 모아 온유에게 가져다 주었습니다.
온유에게도 나에게도, 그리고
아빠와 할아버지, 할머니, 외할아버지, 외할머니 모두에게
힘든 날들이었어요.

입원한 지 일주일 되던 날, '색소실조증'이란 병명을 듣게 되었어요.
몇시간을 넋을 놓고 바닥에 주저앉아 엉엉 울고 또 울었죠.
신생아집중치료실의 엄마들이 저를 위로하며
"그만 울어요. 아기 낳은 지 얼마 안 돼서 그렇게 울면 몸 버려요!"라고 하는데….
그땐 내 몸을 버리고 싶었고, 내 정신도 버리고 싶었어요.
온유만 건강해질 수 있다면요.

우리의 첫 아이 온유는
'색소실조증'이라는 희귀병을 지닌
아주 특별한 존재로 우리에게 왔어요.

한 살   온유야 안녕

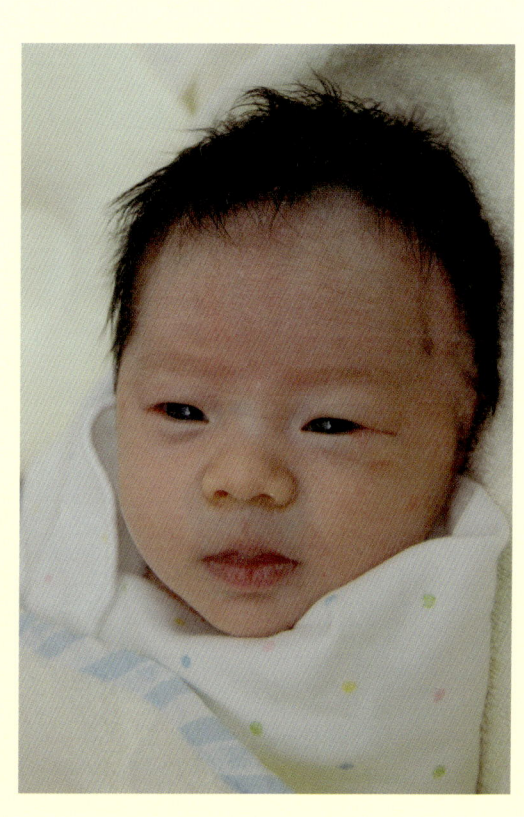

색소실조증

신경피부증후군 가운데 하나이며, 선천성 희귀병에 속한다.

원인 불명의 질환이며,
피부와 신경계에 주로 병변을 일으키며,
환자는 거의 모두가 여아이며, 생후 얼마 뒤부터 그물 모양의
회갈색 얼룩이 곳곳에 생겨 대리석과 같은 모양이 된다.

여러 가지 합병증을 동반하며,
눈과 치아와 중추신경에 영향을 줄 수 있다.

눈의 합병증은 망막박리로 실명까지 올 수 있지만,
초기에 레이저로 치료가 가능하다.

치아의 경우, 유치가 안 나오거나 그 시기가 늦을 수 있다.

신경 쪽에서는 발달장애가 올 수 있지만,
여러 가지 치료를 통해 호전시킬 수 있다고 한다.

아이들마다 증상이나 크기가 다르게 나타난다.

태어나 처음 집에 오던 날

나는 하루 종일 온유를 보고,
만지고, 안아줄 수 있어서 기뻤어요.
온유도 집에 와서 좋았을 겁니다.
집에는 주사도, 검사도,
24시간 계속되는 시달림도 없으니까요.
대신 엄마의 품, 아빠의 목소리,
할아버지와 할머니의 손길이 있죠.

링거주사를 맞기 위해 밀어버린 오른쪽 머리카락,
조직 검사를 위해 잘라낸 살점,
왼쪽 가슴에 선명히 남은 자국…….
힘겨웠던 온유의 지난 시간들이 고스란히 남아 있네요.
그 흔적들을 볼 때마다 마음이 아프고 또 아프지만,

머리카락도 가슴의 자국도 서서히 지워질 테니까.
마냥 슬퍼하고만 있을 순 없죠.
앞으로 헤쳐나가야 할 일들이 많으니까요.

온유와 헤어져 있던 시간 동안 느낀 그리움이 너무도 커서
지금은 그저 내 아기를 만지고 볼 수 있는 것만으로도
감사합니다.

아픔도 슬픔도,
그리고 앞으로 헤쳐나가야 할 어려움도
온유와 함께라면 얼마든지
이겨낼 수 있을 것 같습니다.

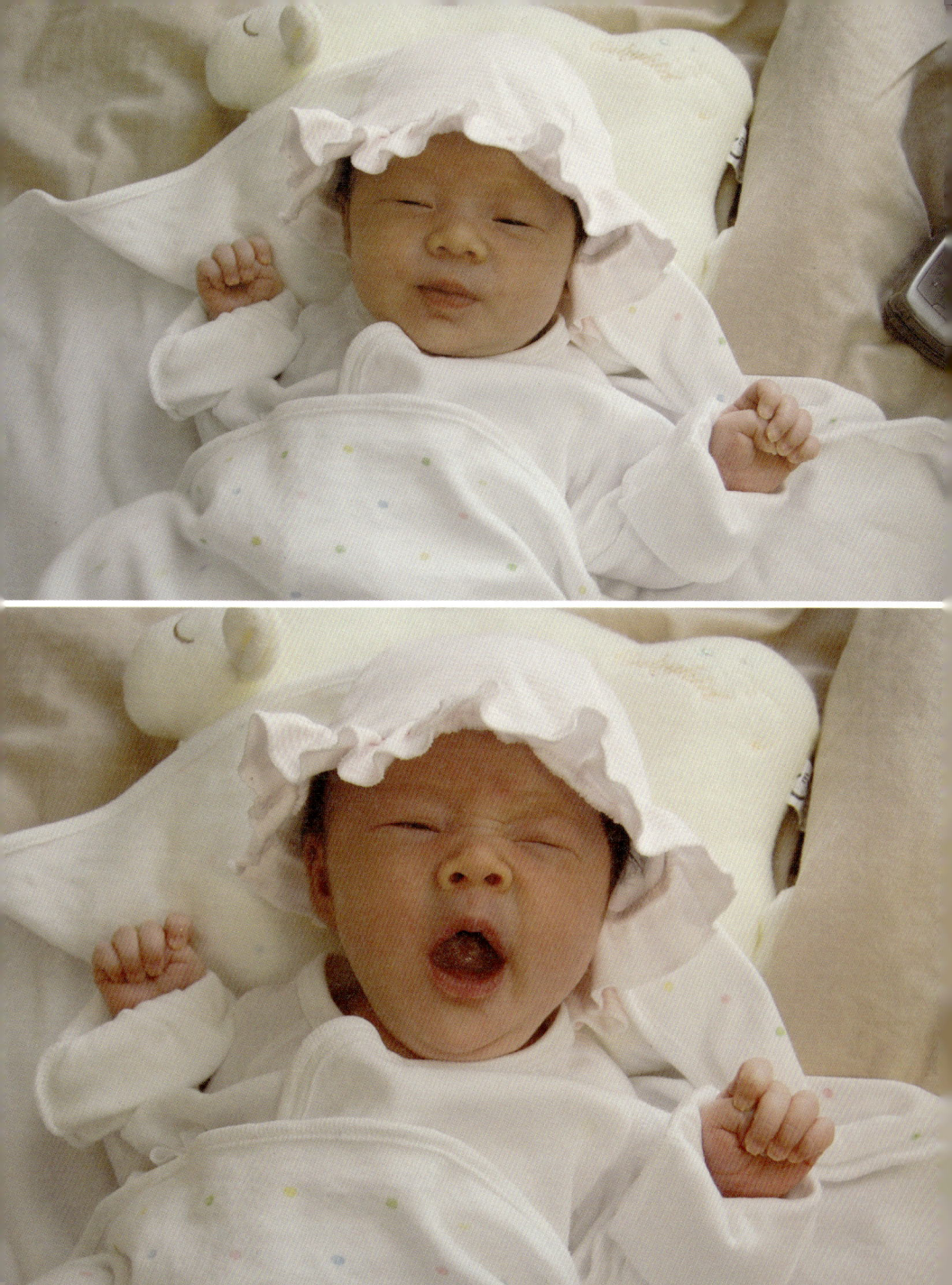

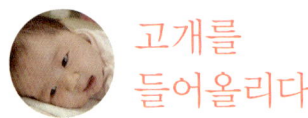 ## 고개를 들어올리다

모유 먹고, 오줌 싸고, 똥 싸고, 웃고, 울고, 자고…….
여느 아기들과 다름없이 지내서일까요?
나는 온유의 미래를 걱정하지 않았습니다.
그저 온유와 함께하는 시간이 즐거웠죠.

온유가 100일이 되어갈 때쯤,
고개를 '번쩍' 들어 올리지는 못했지만,
낑낑거리며 힘겹게
고개를 반대쪽으로 돌리기에 성공!

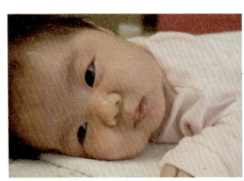 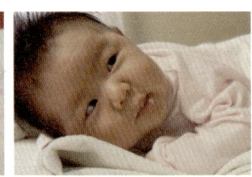

그것만으로도 충분히 기쁘고 감사했습니다.

온유와 만들어 가는 추억이라
생각하니 행복하기까지 했습니다.

 ## 수포, 그리고 딱지

온유가 다른 아기들과 다른 점은 바로 '수포'가 있다는 거예요.
온몸에 수포가 생겼다가 터지고, 다시 곪고, 딱지가 생겼어요.
옷을 벗기면 우수수 떨어지는 딱지들 때문에
목욕시킬 때도 참 조심스럽죠.

그런 온유를 위해 나는,
매일 아침마다 엄청 큰 통에 물을 받아 끓입니다.
그리고 물이 팔팔 끓으면 불을 끄고 놔두죠.

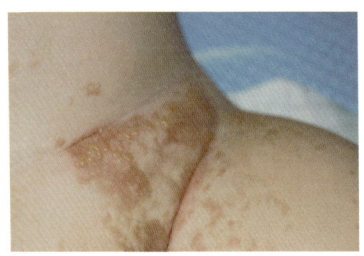

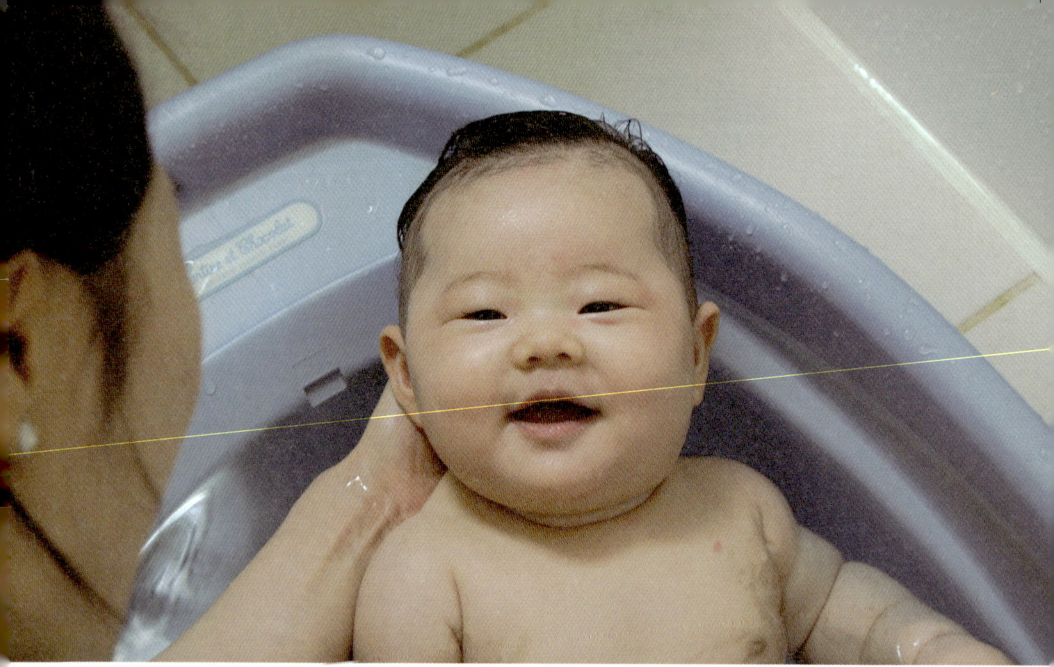

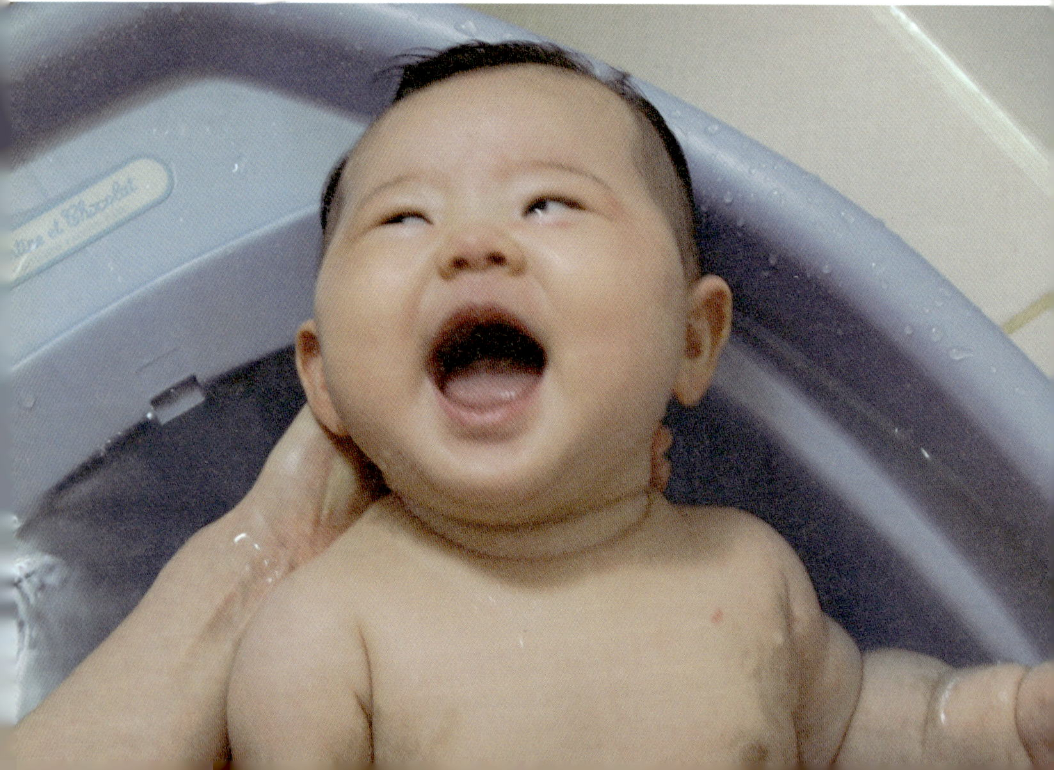

워낙 큰 통이라 오후가 돼야 물이 식어요.
식은 물에다 다시 팔팔 끓인 물을 섞어 목욕물을 만듭니다.
6개월 동안 단 하루도 빠짐없이 그렇게 목욕을 시켰습니다.

온유가 웃는 얼굴로
'고맙다, 기쁘다, 사랑한다' 말해주니,
매일 아침마다 물 끓이는 일이
하나도 힘들지 않았답니다.

 백일을
감사해

온유와 함께 지내온 100일의 시간.

온유가 태어났고,
태어나자마자 '색소실조증'이란 병과 마주했고,
태어난 지 한 달이 지나 눈 수술도 했어요.
참 많이 힘들고 아팠을 우리 온유!
아직도 순간순간 눈물이 나고
수포와 딱지, 반점들을 보면 가슴이 쓰라립니다.

우리 온유가 100일을 맞이했습니다.
지금은 함께 있는 것이 그저 행복하고 감사하기만 합니다.
온유와 100일을 함께하며
내가 참 많이 겸손해진 것 같습니다.

한 살 온유야 안녕

아이가 건강하지 않아도,
아이의 눈이 온전치 않아도,
아이의 피부가 수포와 딱지와 고름으로 뒤덮여 있어도,
아이의 밤낮이 바뀌어 돌보기 힘들어도,
온유와 함께여서 감사해요.
온유와 1000일도 더 함께할 수 있다고 믿으니 감사해요.

한 살   온유야 안녕

 발달이
늦은 아이

뭔가 이상하다는 느낌이 들었지만, '괜찮겠지' 여겼어요.
아니, 괜찮길 바랐나 봅니다.
온유는 7개월이 되고 8개월이 되어도 혼자 앉지 못하네요.
꽉 쥔 주먹은 펴기 힘들구요.
엎드려 놓으면 항상 같은 방향으로 넘어져요.
그러다 가끔 뒤집기를 하기도 하지만,
뭔가 자연스럽지는 않죠.

치료를 받기로 합니다. 재활의학과!

이번엔 또, 어떤 일들을 겪게 될까요?
나는 겁이 나요.

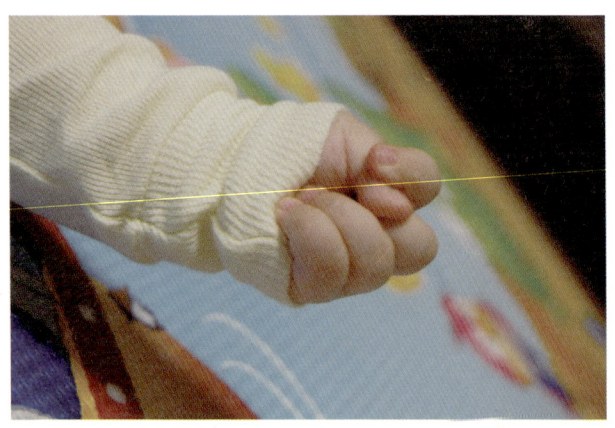

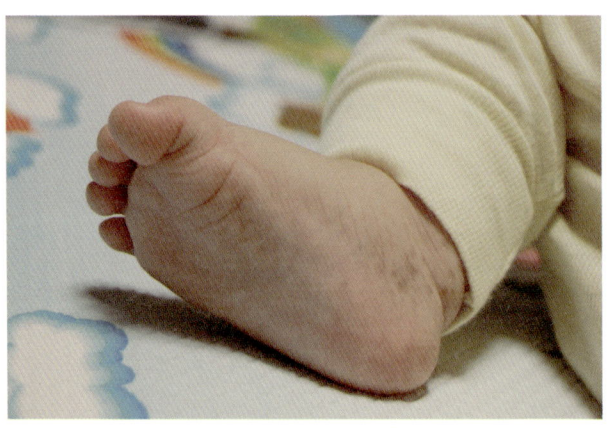

한 살　온유야 안녕

 뇌를
다치면

손가락 다섯 개, 발가락 다섯 개.
멀쩡해 보이는 팔과 다리가 있는데,
앉지 못하고 걷지 못한다니…….

다리를 쭉 펴며 힘을 주는 모습을 보니
걸을 수 있을 것 같은데…….
병원에서는 이것을 '강직'이라고 말하네요.
수포도 많이 가라앉고, 색소 침착도 점점 나아가는 것 같아서
단순 피부질환으로 지나가길 바랐는데…….

요 며칠 다시 슬금슬금 올라오는 수포들을 보니
괜히 나는 투정을 부리고 싶습니다.
괜히 누구에게라도 화를 내고 싶어집니다.

한 살   온유야 안녕

뇌를 다친 온유는,
손으로 물건을 잡을 수도,
다리로 걸을 수도 없어요.

 치료를 위한 입원 생활,
그리고 첫 번째 생일

6시 30분   기상
7시 30분   아침 식사
             물리 치료, 작업 치료
12시 30분   점심 식사
             물리 치료, 작업 치료
6시 저녁   식사
             자유 시간, 개별 운동
9시   취침

두 달 동안 반복되는 일상.
이곳 보바스재활병원에서 온유는 치료를 받고
엄마는 마음을 다잡습니다.
아픈 아이들과 그들의 이야기를 알게 되었고,

한 살   온유야 안녕

온유의 미래를 그리며
슬퍼하기도 하고, 이를 악물기도 합니다.
그 속에서 첫 번째 생일을 맞이한 온유.
친구 언니 오빠들과 병실에서 돌잔치를 하며
이 순간만큼은 함께 웃어 봅니다.

소중한 우리 아기들

보바스재활병원에서의 일이에요.
방학이라 집중 치료를 받으려고 입원한 초등학생들이 많았어요.
그중 제 눈에 참 예뻐 보이던 한 아이.
다리 한쪽이 불편해 걸음걸이가 많이 흔들리던 마리아(가명).

마리아의 엄마는 조금 엄했어요.
치료 후엔 꼭 복도를 몇 번이나 왕복하며 자세를 고쳐 주고
공부도 소홀히 하지 않고 엄하게 시키셨어요.
그래서…… 종종 마리아의 슬픈 얼굴을 볼 수 있었죠.

어느 날, 나는 마리아에게 다가가 이야기했어요.
"마리아, 뭐 해?"
"수학 공부해요."

"그렇구나. 파이팅!"
"아니요. 저는 파이팅할 수 없어요. 저는 언제나 엄마한테 혼나기만 하는걸요. 아무리 잘하려고 해도 혼만 나고. 그래서 저는 파이팅할 수 없어요."
무심코 던진 말이었는데……
마리아의 반응에 너무도 속이 상했어요.
몸도 불편한데 마음까지 다친 것 같아 안쓰러웠고,
축 처져 있는 모습이 온유 같아 보여 가슴이 저렸어요.
"그렇게 생각한다니 아줌마가 맘이 아프다. 우리 온유도 너처럼 이쁘게 크고, 너처럼만 걸을 수 있어도 좋겠다고 생각했는데. 그런 마리아가 파이팅할 수 없다니까 온유도 슬프겠다."
"아줌마는 온유 안 혼내니까 온유는 괜찮을 거예요. 저는 엄마한테 너무 혼이 많이 나서 파이팅할 수 없는 거예요."
"힘내, 마리아! 힘내줘. 온유랑 아줌마가 부탁할게."

우리 온유, 몸은 불편하지만
마음까지 불편한 아이로 키우지는 않을 거예요.

두 살

온유의 삶을 시작해요

 첫 이

온유가 14개월 되었을 때 첫 이가 났어요.
많이 늦었지만, 괜찮아! 고마워!

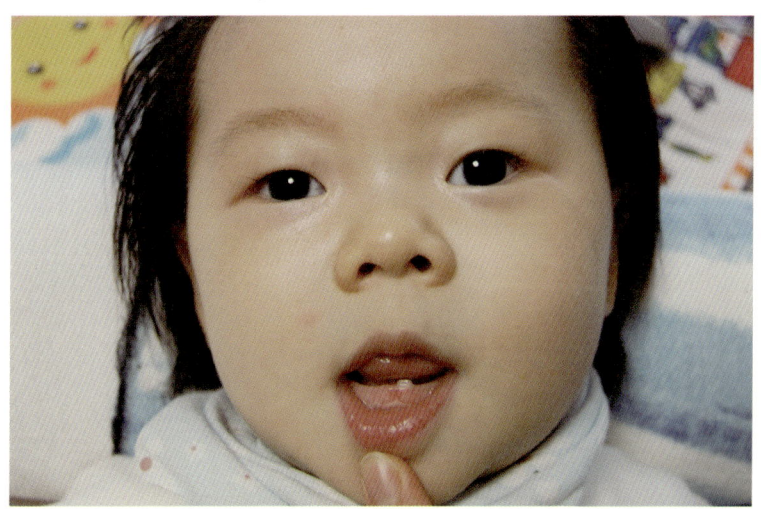

 장애인이
되다

재활 치료를 시작으로 온유는 '뇌병변 1급' 판정을 받았습니다.
장애인카드를 만들기 위해 사진을 찍어야 하는데,
집에서 찍기로 했어요.

온유가 스스로 앉을 수도 걸을 수도 없다는 것을,
나의 소중한 아기가 장애인이 되었다는 사실을,
다른 사람들에게 아직은······
아직은 말하고 싶지 않나 봐요.

두 살   온유의 삶을 시작해요

장애인에게도
비장애인에게도 같은 하늘…

 먹자

언제나 꽉 쥐고 있는 손,
뻣뻣하게 세워져 있던 엄지발가락.
모두 '강직' 때문에 그랬던 거예요.
입안도 예민해서 음식물로 인한 자극을 싫어했어요.
이유식은 절대 거부! 모유만 먹었죠.
그래서 구강 치료를 했어요.
입안에다 계속 자극을 줘서 자극에 둔감해지게 하는 거였죠.

16개월 동안 오로지 모유만 먹던 온유.
그런데 어느 날!
고슬고슬 잘 지어진 하얀 쌀밥 맛을 보더니
폭풍 식욕을 자랑하며 모든 음식을 다 잘 먹게 되었어요!
고맙다, 온유야! 잘 먹어줘서…….

두 살　온유의 삶을 시작해요

 놀자

아장아장 걸어 다니며
엄마 아빠와 여행도 하고,
세상의 신기함에 눈을 뜰 나이.
하지만 온유는
치료실에서 배 근육을 키우기 위해 운동을 하고,
여러 기구들과 작업들로 감각을 키워 나갑니다.

온유는……
그래도 행복하다 말합니다.

온유야! 오늘은 우리 뭐 하고 놀까?
우리가 할 수 있는 것을 하며 오늘도 행복해하자.

두 살   온유의 삶을 시작해요

첫 발보조기

연세 세브란스병원에서 발보조기를 맞추던 날.
발을 뻗는 힘, 강직이 얼마나 센지
석고를 떠서 제작을 하는데
유난히 강직이 센 왼쪽 발은 두 번이나 석고를 떴어요.
선생님께서 다음엔 수면제 먹고 해야 할 것 같다는데……
'수면제'라는 말에 마음이 덜컹 내려앉아요.

어린 온유에게는 피를 뽑는 일도 쉽지 않아, 목에서 피를 뽑아요.
쓰디쓴 수면제를 먹이는 일도 결코 쉽지 않죠.
그럴 때마다 저는 가슴이 아파 우는 울보 엄마였어요.

보바스병원에 입원했을 때
발보조기를 착용한 아이들을 많이 봤어요.

그 아이들을 보면서 생각했었죠.
'우리 온유도 크면 보조기를 할까? 아니야, 온유는 안 할 거야.
온유는 치료 열심히 해서 금방 걸을 거니까.'
그런데 발보조기를 해야 할 때가 너무도 빨리 왔네요.

우리가 헤쳐나가야 할 어려움이 점점 늘어가는 것 같습니다.
피할 수 없고, 피하면 안 되는 여러 치료와 수술.
어쩔 수 없다면
행복하게 담대히 받아들이고 지혜롭게 이겨나갈 거예요.
우리 온유와 함께.

달라질 거예요.
울보 엄마, 이제 안 할 거예요.

세 살

온유를 통해 만난 세상

장애 전담 어린이집

10개월 때부터
물리 치료, 작업 치료, 미술 치료, 구강 치료 등을 받고 있어요.

매일 아침 9시부터 온유와 치료 여행을 시작합니다.
같은 병원에서 일주일에 두 번 이상 치료를 할 수 없어서
이 병원 저 병원을 돌며 아침마다 치료 여행을 하죠.

생각해 보면
온유는 태어나면서부터 고통이었을 거예요.
주사 놓는 의사 선생님,
뻣뻣하고 아픈 팔다리를 펴고 꺾고 운동시키는 물리 치료사,
작은 방 안에서 계속 무언가를 요구하는 작업 치료사…….
그들을 볼 때마다 온유는 울어댔죠.

낯가림 때문일 수도 있지만,
자기를 힘들게 하는 사람들로부터
자신을 지키기 위한 울음이었던 것 같아요.
갈수록 온유는 사람에 대한 경계심이 심해졌어요.
그래서 온유의 경계심을 풀어주고자 어린이집에 보내기로
결정했답니다.

혼자서는 앉을 수도 없고, 아직 말도 시푼 온유를
일반 어린이집에 보내긴 힘들 것 같아
장애 전담 어린이집에 보내기로 마음먹었죠.
우리 온유를 잘 돌봐줄 거라 기대하며
장애 전담 어린이집의 문을 두드렸습니다.

온유가 낯가림이 심해서 2년 동안은 함께 어린이집을 다녔어요.
함께 노래하고, 활동하고, 점심 먹고, 낮잠도 함께 잤어요.
살아오며 장애인들과 만날 일이 거의 없었기 때문에
장애를 가진 딸이 있음에도

온유와는 또 다른 장애를 가진 아이들이 낯설고 어려웠어요.
우리 온유가……
열 달을 내 배 안에 고이 품었던
우리 부부의 사랑이고 희망이고 미래이고 기쁨이었던 우리 온유가,
장애를 가진 아이들과 함께 있는 모습을
받아들이고 싶지 않았고, 슬펐고, 눈물이 흘렀지요.

자기만 알고 자기 자식만 보이던 철없던 나는
장애아들을 사랑으로 돌보는 젊은 선생님들을 보고 뉘우쳤어요.

심한 장애를 가진 아이의 아주아주 작은 움직임에도
기뻐하고 칭찬하는 선생님.
폭력적인 성향을 가진 아이의 행동에
눈물을 흘리면서 사랑으로 대하시는 선생님.
거동이 불편한 아이들의 손발이 되어주는 선생님.
끝도 없이 나오는 아이의 침을 닦아주기 위해
늘 손수건을 주머니에 챙기시는 선생님.

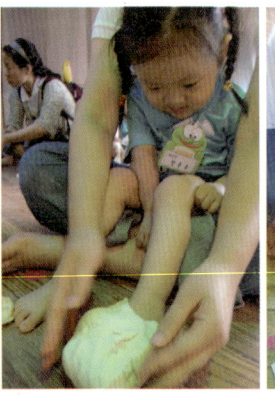
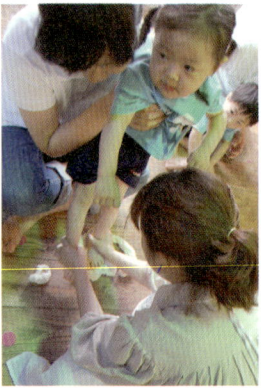

할 수 있다며, 가르치고 또 가르치고……
아이들을 위해 수많은 것들을 준비하고 노력을 아끼지 않는 선생님.
적은 월급도 쪼개어 다시 아이들을 위해 나누는 선생님.

분명 힘들 텐데, 웃으며 행복하다 말하는 선생님들.
말할 수 없이 감사하고, 미안하고……
그분들을 보니 저의 철없던 마음이 어찌나 창피하던지요.
그분들의 마음을 느끼고 나니
내 아이가 아닌 다른 장애아들도 사랑으로 대할 수 있는 마음이
조금씩 생겨났습니다.

세 살   온유를 통해 만난 세상

온유와 함께 어린이집 생활을 하며
온유 친구들의 기저귀도 갈아주고, 침도 닦아주고,
안아주고, 기도했어요.
그 속에서 온유도 많은 경험을 하며,
사랑으로 돌봐주시는 선생님들의 손길에
점점 마음의 문을 열어주었지요.

지금은 우리 온유에게 낯가림이란 없어요.
인사 잘하는 인사 대장!
웃기 잘하는 스마일 대장!
질문 잘하는 질문 대장!
도움도 잘 청하는 부탁 대장!
우리 온유가 이렇게 바뀌었죠.

참 고마워요.
장애아를 사랑의 눈으로 봐주는 이들과 함께하니
우리의 삶이 행복해짐을 느껴요.

세 살   온유를 통해 만난 세상

 웃는 얼굴,
예뻐요

온유는 여전히 혼자서 아무것도 할 수 없어요.
혼자서는 앉을 수도, 걸을 수도, 먹을 수도 없고,
그저 누워 있는 것만 할 수 있죠.
그러나 조금만 도와주면
앉을 수 있고, 이동할 수 있고, 먹을 수 있고, 놀 수 있고,
공부할 수 있고, 웃을 수 있어요.

온유는 매일 앉아서 공부하고, 이곳저곳을 놀러 다니고,
맛있는 음식을 먹으며 행복함에 웃음 지어요.
조금의 도움이 필요할 뿐이죠.
참 감사한 일이에요.
이렇게 웃으며 산다는 것!
사랑하는 나의 남편과 내 아이와 웃으며 산다는 것!

가끔은 힘든 일들도 있겠죠.
그러나 그것을 이겨내고 나면
더 크게 웃을 수 있다는 걸 알고 있어요.
그렇게 하나하나 이겨 나갑니다.
그렇게 내가, 우리가 이깁니다.

참…… 범사에 감사한 하루입니다.

세 살   온유를 통해 만난 세상

 ## 열경기

여느 날과 다름없던 날.
차가운 바람이 불던 환절기라……
그냥 지나가는 감기일 거라 생각했는데,
밥순이 온유는 그날따라 음식을 잘 먹지 못했어요.

해열제를 먹이고,
아빠가 침실에서 온유를 돌보고 있는 동안,
엄마는 설거지를 하고 있었어요.

"온유야~ 온유야~. 온유 엄마, 빨리 와 봐!"
다급한 온유 아빠의 목소리에 들어가 보니
까딱까딱……
온유의 팔이 흔들렸어요.

초보 엄마 아빠!
"이게 뭐지?" "왜 팔을 까딱거리지?"
하는데…… 갑자기 정신을 잃은 듯한 온유!

너무 놀라서 온유를 데리고 응급실로 뛰어갔죠.
가는 동안 온유는 입에 거품을 물며 음식물을 토해냈어요.
팔과 다리는 뻣뻣하게 굳어 굽힐 수도 없었죠.
정신을 잃어기던 그때 온유의 모습은
우리 온유의 모습이 아니었습니다.
다시는 '엄마'라고 부르는 온유의 목소리를 들을 수 없게 될까 봐,
엄마는 무서웠고 두려웠어요.

둘째 임신 5개월.
눈물을 쏟아내며 온유에게 계속 말을 시키던 나.
"양보해 주세요!" 소리치며 운전하던 온유 아빠.
사랑하는 우리 딸이 힘들어하는 동안
엄마 아빠도 힘든 밤을 보냅니다.

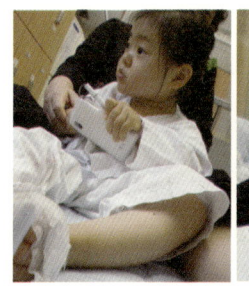 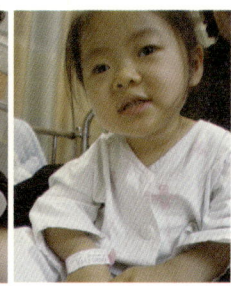

그렇게 또 한 번의 어려움을 넘기고 난 뒤,
온유는 뇌파 검사를 했어요.
머리에 50개의 전선을 붙인 다음,
잠이 든 사이에 뇌의 파장을 알아보는 검사예요.
다행히, 온유의 뇌파가 불안하긴 하지만
약을 먹일 정도는 아니라고 하여
다시 일상으로 돌아왔습니다.

함께 힘들고 어려운 시간을 겪고 나면,
평범한 일상에도 감사하게 되는 것 같아요.
'늘 주어진 일상에 감사해 하며 살면 고난이 비껴가지 않을까?'
하는 생각도 해 봅니다.

온유에게 동생이 생기는 일.
기쁘지만, 겁이 납니다.

보조의자

엄마가 안아주지 않을 땐 늘 엎드려 있거나
누워 있어야 하는 온유를 위해 보조의자를 샀습니다.
어린이집에서 온유가 앉아 있는 것을 보고,
꼭 사줘야겠다 생각했죠.

앉아서 책을 보거나 놀이하는 게 온유한테는 참 행복한 일이에요.
누워서 보는 세상과는 많이 다르니까요.
온유를 안고 놀아주던 나도,
이젠 온유와 마주 보며 놀 수 있으니 좋아요.

또 일반 자전거에 가슴벨트와 발을 묶는 장치를 달면
자전거도 탈 수 있어요.
이렇게 놀이터에 나가면 모두들 신기해해요.

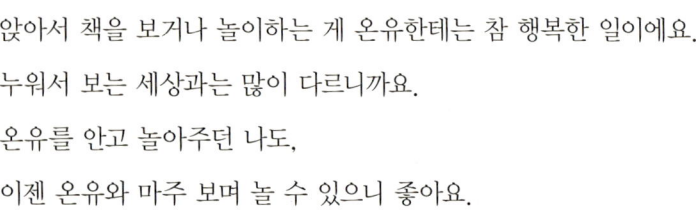

세 살   온유를 통해 만난 세상

특별한 온유에겐
특별한 의자와 특별한 자전거가 있습니다.

 ## 나눔 기부

온유가 태어나고 한 달이 조금 넘었을 때, 눈 수술을 했어요.
소아안과 병동에는 자리가 없어서
소아심장 병동에서 하루를 보내게 되었죠.

병실의 아기들!
너무도 작은 몸에 그어져 있는 수술 자국들,
그리고 앞으로도 남아 있는 수술들.
숨쉬기조차 힘들어하는 아기들을 보니
온유는 그나마 건강한 아이처럼 느껴졌어요.
온유가 장애를 가졌지만, 살아 있다는 것이 감사했어요.

힘들어하는 아기들과 그 부모님들에게 미안한 마음까지 들던 그 날.
보고만 있기엔, 그 안에 내가 있음이 견딜 수 없었어요.

세 살 온유를 통해 만난 세상

가만히 있을 수 없었죠.
그들의 아픔을 내 눈으로 보았고, 가슴으로 느꼈고,
희망과 격려의 이야기를 서로 나누었으니까요.
나는 뭔가 해야겠다고 생각했어요.

서울대학교 어린이병원 후원회, 유니세프, 굿네이버스
푸르매재단 어린이재활병원 건립

그날 내가 느낀 것을 잊지 않기 위해,
힘들고 어려운 아이들을 도울 수 있는 일에
'후원'을 하기 시작했습니다.

 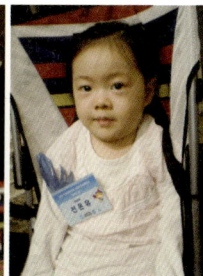 

오세요, 기적

통계나 확률 같은 것으로는 설명할 수 없는 일들이
우리에게 일어나는 것을 봅니다.

기적!
그것은 믿는 자에게 오겠지요.
나는 기적을 굳게 믿습니다.
그러니 오세요…… 기적!

2007년, 2008년, 2009년
온유가 보여준 기적의 나날들처럼
2010년 또 다른 기적을 기대합니다. 온유에게 말해주고 싶어요.
"엄마와 아빠는 온유에게 올 기적을 믿어.
그러니 너에게 올 기적을 기대해도 좋아!"

세 살   온유를 통해 만난 세상

네 살

부지런한 달팽이

 ## 손보조기

발보조기에 이어 또 하나 생긴 보조기, 손보조기.

"우리 온유, 로보캅 같은데! 터미네이터?"
"손보조기 없이 엄지손가락을 들어 올릴 날이 곧 올 거야."

겸손하게 들어가 있는 엄지손가락아!
번쩍 들어 세워서
'우리 온유 최고!'라고 이야기해 주렴.

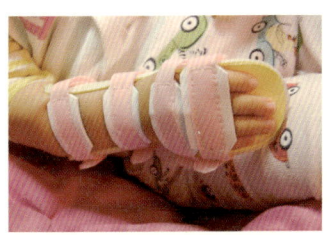

 엉금엉금

온유 나이, 네 살.
이제 뒤집기를 마스터하고 기기 연습에 열중합니다.

하나… 둘… 기우뚱!
다시 일어나서
하나… 둘… 기우뚱!
다시 일어나
하나… 둘…

땀범벅에 숨도 차오르는데 자꾸만 제자리걸음이네요.

괜찮아. 웃으며 아주 조금씩 움직이면 되는 거야.
천천히…… 우리는 우리의 인생을 살아가면 돼.

비교하지 않을게. 오늘도 잘했어!
우리 온유, 멋지다!

물리 치료, 작업 치료, 언어 치료

서울보조공학센터에서 장애를 가진 한 아이를 만났습니다.
테스트를 받고 있었죠.
워커를 이용해 걷는 모습이 부럽기도 하고,
또 '우리 온유도 저렇게 할 테지.' 싶어 유심히 보고 있었어요.

"힘드니까 이제 그만할까?"
선생님이 낑낑거리며 힘들어하는 아이에게 물었죠.
"아니요. 많……이 걸을래요. 살 빠지도록!
엄마…… 허리…… 안 아프게. 엄마…… 발목 안…… 아프게……."

목에 호스를 꽂고 있어 잘 나오지도 않는 목소리로
헐떡거리며 한마디 한마디 힘을 다해 하는 말에
옆에 있던 저는 눈물을 쏟고 말았어요.

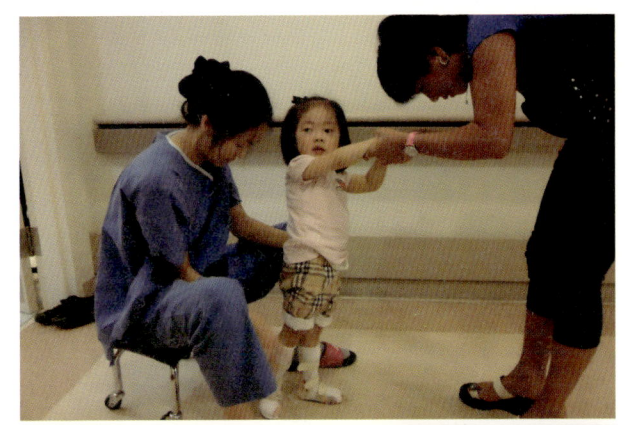

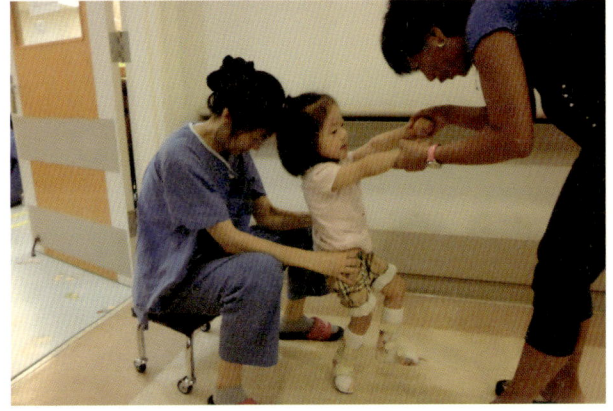

엄마 허리 안 아프게, 엄마 손목 안 아프게……
우리 온유도 얼마나 혼자 걷고 싶을까?

참
소중한 사람

온유야!
너는 참 소중한 사람이야.

매번 이겨내야 할 고난들이 닥치지만,
우리 온유는 잘 이겨내고 있고
또 씩씩하게 잘 자라고 있으니 참 대단하고 대견하다.

사랑받기 위해 태어난 우리 딸!
너의 삶 자체가 감동이고
내 삶에 '감사함'을 준 아이라는 것, 잊지 말고 살아줘.

네 살   부지런한 달팽이

 유니세프
아우인형

"내가 더 아파. 너의 아픔보다 내 아픔이 더 커."
내 아픔이 더 큰 아픔이다 투정 안해요.
너도 그리고 나도 아픔은 같으니까요.

유니세프에서 생명을 살리기 위한 아우인형 캠페인을 하고 있어요.
'내 동생'이란 뜻을 가진 아우인형을 만들거나 입양하면,
한 어린이에게 여섯 가지 예방접종을 해줄 수 있고,
말라리아를 피할 모기장을 보내줄 수도 있어요.
아우인형은 한 어린이의 생명을 상징하는 거예요.
'구매'가 아니랍니다. '입양'이에요.

슬프게도 다섯 살이 되기 전에 세상을 뜨는 어린이가
690만 명이나 된다고 해요.

네 살   부지런한 달팽이

내 슬픔에 속상해하고만 있지 않을래요.
내 주변의 어려움들을 외면하지 않고 손을 내밀면
또 다른 기쁨이 생기고, 또 다른 세상이 보여요.

 온유 아빠

온유 아빠가 되면서
참 많은 일들을 홀로 이겨내었을 사람.
남편으로, 아빠로, 가장으로
하루하루의 삶이, 그 어깨의 짐이 얼마나 무거웠을까요.

한 가정의 가장이 된다는 일.
그 일을 참 성실히 열심히 해나가고 있는 감사한 사람.
온유 아빠입니다.

'Family'의 어원을 아세요?
'Father and Mother, I love you'의 첫 글자들을 딴 것이래요.
'아빠 그리고 엄마, 나는 당신을 사랑합니다.'

나를 사랑해주는
아이가 있어서 기뻐요. 힘이 나요.
사랑받는 아빠, 그리고 엄마여서
행복합니다.

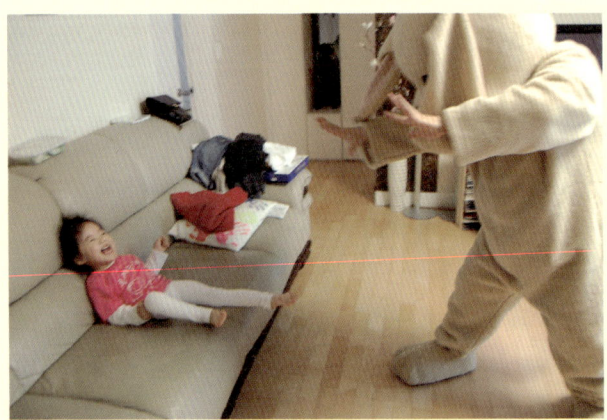

아이 참…
부끄럽게…

 온유 이모님

'도우미뱅크'라는 장애인을 위한
이동 도우미 제도를 통해 만난 인연.
온유와 나에게 무척이나 큰 힘이 되어준 분.
바로 온유 이모님이에요.

이젠 온유가 커서 제법 무게가 나가지만 기꺼이 안아주고,
온유가 유모차를 타고 갈 수 있는 길과 갈 수 없는 길을
미리 생각해줍니다.
혼자 앉지 못하는 온유가 앉을 수 있도록 잡아주고,
언제나 온유에게서 눈을 떼지 않습니다.
온유의 곁엔 늘 온유 이모님이 있어요.
이모님의 따뜻함에 맘이 뜨거워집니다.
감사하고 또 행복합니다.

네 살   부지런한 달팽이

온유의 삶에는 많은 이의 도움이 필요해요.
많은 이들에게 도움받은 만큼 온유도 많은 이들을 돕고
또 그들의 마음을 따뜻하게 만들어주는 사람이 될 거라 믿어요.

온유표 김치부침개

온유는 김치부침개를 엄청 좋아해요.
소풍 갈 때도 김밥 대신 김치부침개와 함께할 정도예요.
모두들 맛있는 식사 하시고 건강하세요~.

온유표 김치부침개

재료
김치, 부침가루(쌀가루로 준비해요), 버섯, 호박, 계란.
(오징어, 새우, 돼지고기는 집에 있는 것으로 한 종류만)

레시피
❶ 부침가루에 물, 계란을 넣어 풀어요.
❷ 잘게 자른 김치, 버섯, 호박, 그리고 오징어를 넣고 섞어요.
❸ 기름을 두른 프라이팬에 얇고 바삭하게 구워요.
❹ 접시에 담아 냠냠 맛있게 먹어요. 밥과 함께

다섯 살

동생이 생겼어요

# 내 동생, 리안이

"리안이 리안이……
리안이 이뻐. 리안이 좋아."

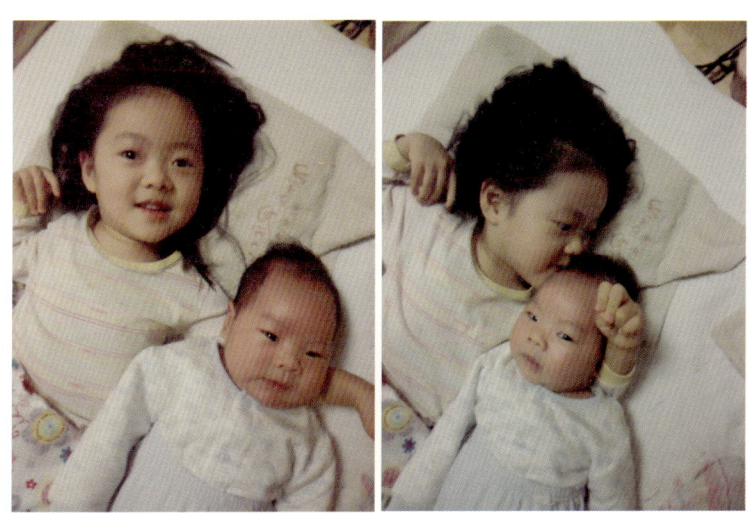

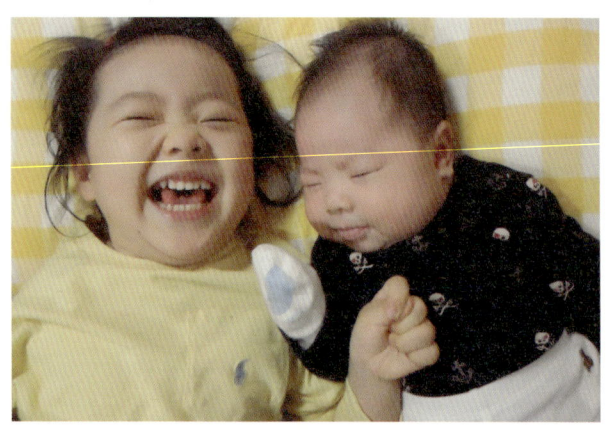

다섯 살   동생이 생겼어요

 받는 기쁨

치료를 다니며 알게 된 주언이.
주언이 어머니께서 주언이가 쓰던 스탠드를 온유에게 주었어요.
이젠 사용하지 않게 됐다며……

온유가 잘 사용하도록 기도와 축복의 말도 해주셨죠.
온유에게 베푸시며 기쁨을 느끼셨으리라 믿고,
저도 기쁘게 받았습니다.

이 기쁨을……
또 다른 이들에게 나눌 수 있길 기대하고 다짐합니다.

저는 이렇게 좋은데,
우리 온유는 그저 좋지만은 않은가 봐요.

상상하고 기대하기

비록 도움을 받아야 하지만,
온유가 홀로 서 있는 모습을 보면 참 감동적이고 감사하죠.
그렇게 혼자 서 있는 일이 점점 쉬워져야 할 텐데……
키는 크는데 근육은 약해지고 있어,
더 어려운 일이 되어가고 있어요.

우리 온유의 홀로서기.
상상해 보고, 벅찬 가슴으로 기대합니다.

다섯 살   동생이 생겼어요

누나에게 양보하기

아기의자는 누나에게
아기용 식탁의자도 누나에게
장난감도 누나에게 모두 양보해요.
그래야 함께 즐길 수 있거든요.

다섯 살 동생이 생겼어요

 경기 약

요즘 우리 온유에게 이상한 행동 하나가 생겼어요.
하루에도 몇 번씩
왼쪽으로 고개를 돌리고는 한참을 있어요.
"온유야~"라고 불러보아도
스스로 어찌할 수 없는 것처럼…… 움직이질 못해요.

다시…… 뇌파 검사를 해봅니다.
이번엔 24시간 뇌파 검사.
24시간 동안 침대에 눕혀놓고 비디오 촬영을 합니다.
검사가 끝날 때까지 50개의 전선을 붙이고 있어야 하기에 더욱
꼼꼼히 작업해야 하는데.
온유가 두려운지 울고 불며 몸부림을 치네요.

다섯 살   동생이 생겼어요

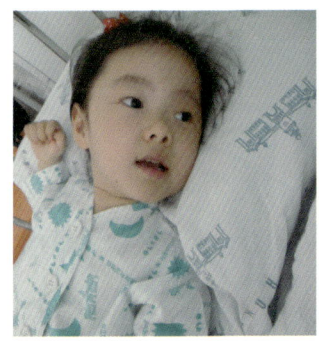
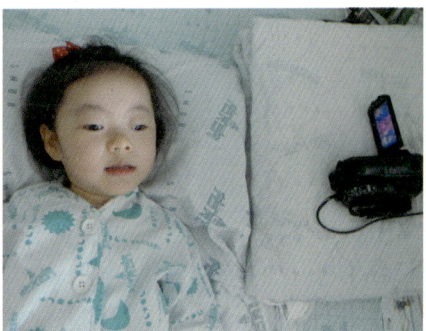

수면제를 두 번이나 먹여도 잠이 들지 않아요.
그만큼 두려움이 커서겠죠?
세 번째 수면제를 먹고 잠이 든 온유.
제 마음이 또 한 번 찢어져요.

눈물이 뚝뚝…….

힘들게…… 뇌파 검사를 시작했습니다.
'24시간만 버티자!' 하고 이를 악물며…….
그런데 온유가 경기를 하는 모습이 나오지 않아서
하루를 더 입원해야 된대요. '으악~'
침대에서 하루를 더 보내야 해요.

화장실도 못 가요. 좁은 침대에서 뒤돌아도 안 돼요.
언제 경기 증상이 나타날지 모르니
계속 카메라를 향해 있어야 하죠.

2박 3일……
검사를 마치고, 결과를 들을 때가 왔습니다.

힘든 검사도 경기 약만 피할 수 있다면 더 할 수 있습니다.
그런데……
피할 수 없다네요.

슬퍼요. 속상해요.
화도 나고, 온유한테 미안하기도 하고.
지금은 그래요.
지금은…….

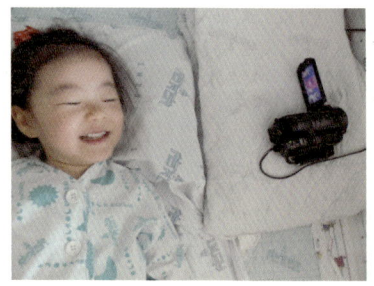

다섯 살   동생이 생겼어요

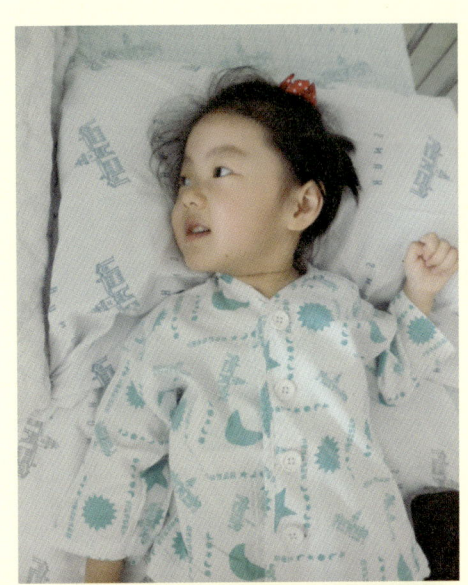
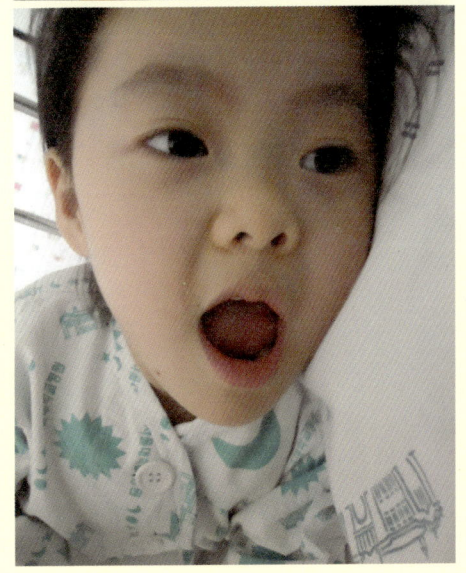

그럼에도 불구하고

온유야!
매일 아침마다 해야 하는 운동 치료와
매일 두 번씩 먹어야 하는 쓰디쓴 약, 그리고
바람대로 움직여 주지 않는 불편한 몸…….

사람들은 이런 것들을 귀찮은 일이고, 하기 싫은 일이며,
너무도 큰 어려움이라고 말한단다.
그래서 힘들겠다고 위로하고
슬픈 날이 더 많을 거라고 섣불리 짐작한단다.

온유야!
그럼에도 우리는 어쩜 이리 행복하고 재미있을까?
어쩜 이리도 어려움 속에서 더욱 사랑하는 것일까?

다섯 살   동생이 생겼어요

온유야!
행복하다고 말해줘서 고마워.
웃는 날이 더 많아서 고마워.
온유의 미소에 엄마는 늘 힘이 솟는다.
온유야! 사랑해.

여섯 살

굳세어라 삼남매

 막내
시안이

감동의 아이, 온유
감사의 아이, 리안
기쁨의 아이, 시안

나는 온유, 리안, 시안의 엄마입니다.

여섯 살   굳세어라 삼남매

 우리 누나,
온유

리안이가 "응~ 응!" 하며 온유를 챙깁니다.
온유는 그때마다 "고마워, 리안아!"라고 이야기하고,
리안이는 "에헤헤헤~" 하며 웃죠.

고맙다고 말하는 온유
웃음으로 받아주는 리안이
참…… 고맙다.

함께라면 할 수 있어

어느 날, 온유에게 말해주었어요.
"온유야! 온유는 무엇이든 온유가 하고 싶은 것이 있다면
다 할 수 있어! 몸이 불편해서 혼자 못 하는 것들도
함께 하면 다 할 수 있어!"
온유는 웃었고, 나는 이렇게 다짐했어요.
'온유와 함께해 주자! 온유가 무엇이든 할 수 있게
내가 옆에서 도와주고, 함께해 주고, 지켜주자.
그리고 사람들에게 염치없이 도와달라고 하자!
우리를 도운 그 사람들에게 우리는 감동을 주자!
그렇게⋯⋯ 이렇게⋯⋯ 지금처럼⋯⋯ 한결같이 살자!'

온유는 무엇 하나 혼자 할 수 없지만,
누군가가 도와주면 무엇이든 할 수 있는 아이랍니다.

트리렙탈, 오르필시럽, 케프라액, 토파막스

'따르릉 따르릉'
알람이 울려요.
여덟 시가 된 거죠.
하루에 두 번, 여덟 시가 되면
반드시 복용해야 하는 경기 약.

온유 뇌의 활동을 모두 잠재우는 무서운 약이지만
간질과 발작을 잠재우기 위해
그리고 더 나쁜 일을 막기 위해
받아들일 수밖에 없습니다.

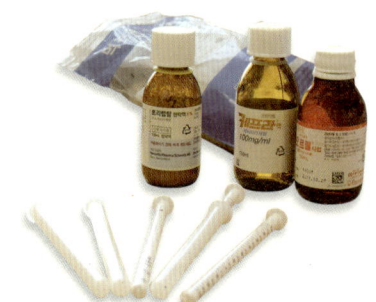

 # 특별한 나의 딸, 온유

온유야!
너를 보는 엄마의 마음이 어쩜 늘 이리도 감동스럽니!
온유를 보는 세상도 그러하리라 생각해.

온유가 이리도 감동스러운 건
어렵고 힘든 삶을 웃으며 이겨나가고 있기 때문일 거야.

특별한 나의 딸, 온유야!
우리가 함께 어려움을 이겨나가는 모습이
세상에 큰 감동으로 비춰지리라 믿어.

우리는 세상에 감동을 주는 큰 사역을 지닌 사람이야.
그러니 선택받았다고 생각하고, 감사하자.

오늘도, 내일도, 다가올 그 날에도
겁내지 말고
이겨내자.

고마워, 온유야!
우리 온유, 참…… 이쁘다!

여섯 살   굳세어라 삼남매

 괜찮아

성공들이 모여 행복을 만드는 것이 아니에요.
'괜찮다. 괜찮다. 그럼에도 괜찮다.'하며 지내면
그것이 행복이 됩니다.

온유가 걷지 못해도 괜찮아.
리안이가 치약 한 통을 모두 짜며 장난을 쳐도 괜찮아.
시안이가 괜한 똥고집을 부리며 울어도 괜찮아.

괜찮아.
우리 맘에 평안이 있으니 괜찮고,
너희의 멋진 미래를 믿으니 괜찮아.
실패라고, 어려움이라고, 좌절이라고 일컫는 것들에게
넘어져도 괜찮아.

여섯 살 굳세어라 삼남매

일어날 거니까 괜찮아.
힘들어도 우리는 행복하니까 괜찮아.
감사하며 사니까 괜찮아.
나중엔 성장한 우리를 보게 될 테니 괜찮아.

우린 더욱 사랑하고, 더욱 서로를 이해하게 될 테니까 괜찮아.
함께한 모든 것이 추억이 될 테니까 괜찮아.

괜찮아. 넘어져도 괜찮아.
일어날 거니까 괜찮아.
힘들어도 행복하니까 괜찮아.

여섯 살　굳세어라 삼남매

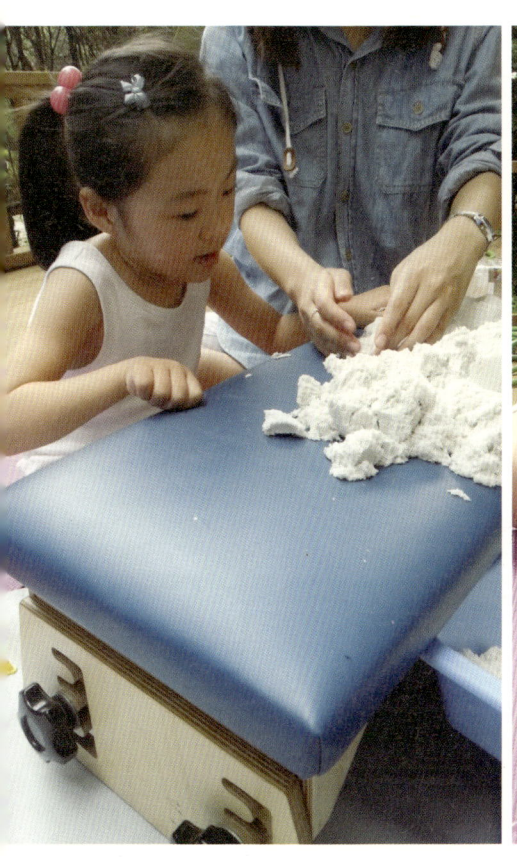
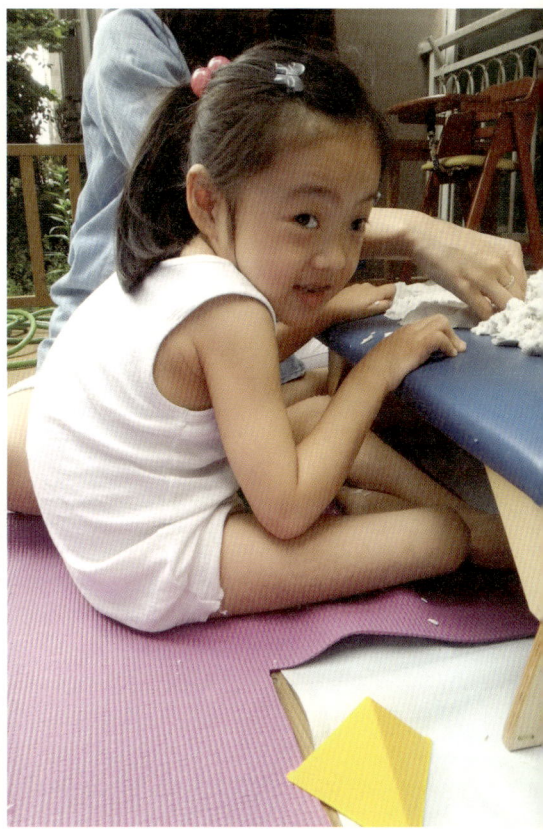

언제나 도전

'띵동~'
웬 남자분이 화면에 보이고, 뭐라 이야기하시는데……
'밝은학교…… 온유…'라는 말이 들렸습니다.
문을 열어 드렸어요.

밝은학교 교사로 일하셨고,
지금은 통합고등학교 특수반 선생님이라고 하셨습니다.
선생님은 우리와 같은 동의 꼭대기 층에 살고 계셨어요.
참 인연이란 신기하더라구요.

밝은학교 차량에서 하원하는 온유를 보시고,
지금 담임선생님에게 온유의 상황을 들으시고는
방문해 주셨더라구요.

여섯 살　굳세어라 삼남매

몇 번을 망설였지만,
이야기해주고 싶어 들리셨다는 선생님 덕분에
온유의 새 삶이 시작되었습니다.

선생님께서는 여러 요구들을 하셨고,
그것은 제 맘에 도전과 희망과 기대를 다시 살아나게 했죠.

"어머니! 온유는 걸을 수 있는 아이예요.
걸을 수 있다고 생각하셔야 해요."
이렇게 말씀하시며 온유와 비슷한 아이들의 영상을 보여주셨어요.
걷지 못할 때의 모습과 걷게 되었을 때의 모습…….

그리고 이런 말씀도 해주셨어요.
"벨트의자는 버리세요."
"온유가 생활하는 집의 환경을 바꿔주세요."
"온유는 걸을 수 있어요."
그래서 온유의 분신과 같던 벨트의자를 사용하지 않고

일반 유아의자와 책상으로 앉기 연습을 시켰습니다.
거실 테이블도 맞추어 삼남매가 함께 놀이할 수 있게 했지요.
(집 근처 목재사에 가서 사이즈 들이대니 사장님이 쿨하게 만들어 주셨어요.)
기기 연습도 매일 시키고,
스텐더에서 양치질을 해주며 서 있는 연습도 시켰어요.

자기를 보호해 주고 쓰러지지 않게 잡아주던 특수의자 없이도
온유는 잘 앉아 있어 주었어요.
처음엔 하루에 30분 이상 앉아 있기 힘들어했고, 잘 넘어졌습니다.
이마에 큰 멍이 든 적도 있었고, 다리가 아프다며 울곤 했어요.
하지만 매일매일 조금씩 조금씩 시간을 늘려갔어요.
우린 부지런한 달팽이니까요.

이제 온유는 일반의자에 앉아 하루 종일 놀아요.
물론 아직도 '쿵~' 하고 넘어지긴 하지만, 자주는 아니에요.
그날, 용기를 내어 찾아와주신 선생님!
참 고맙습니다.

여섯 살   굳세어라 삼남매

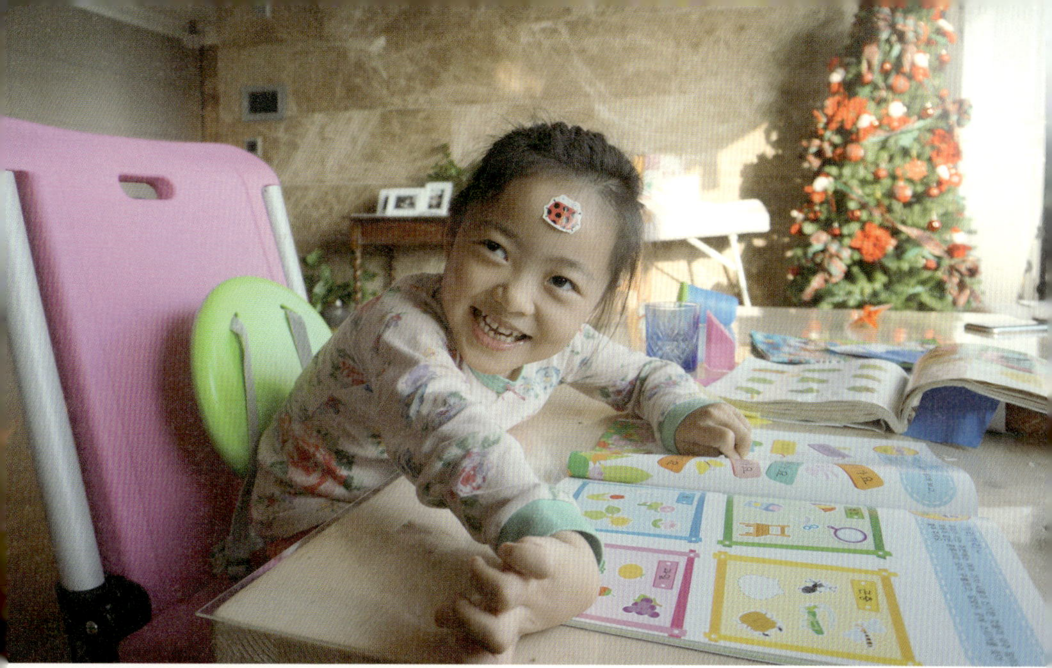

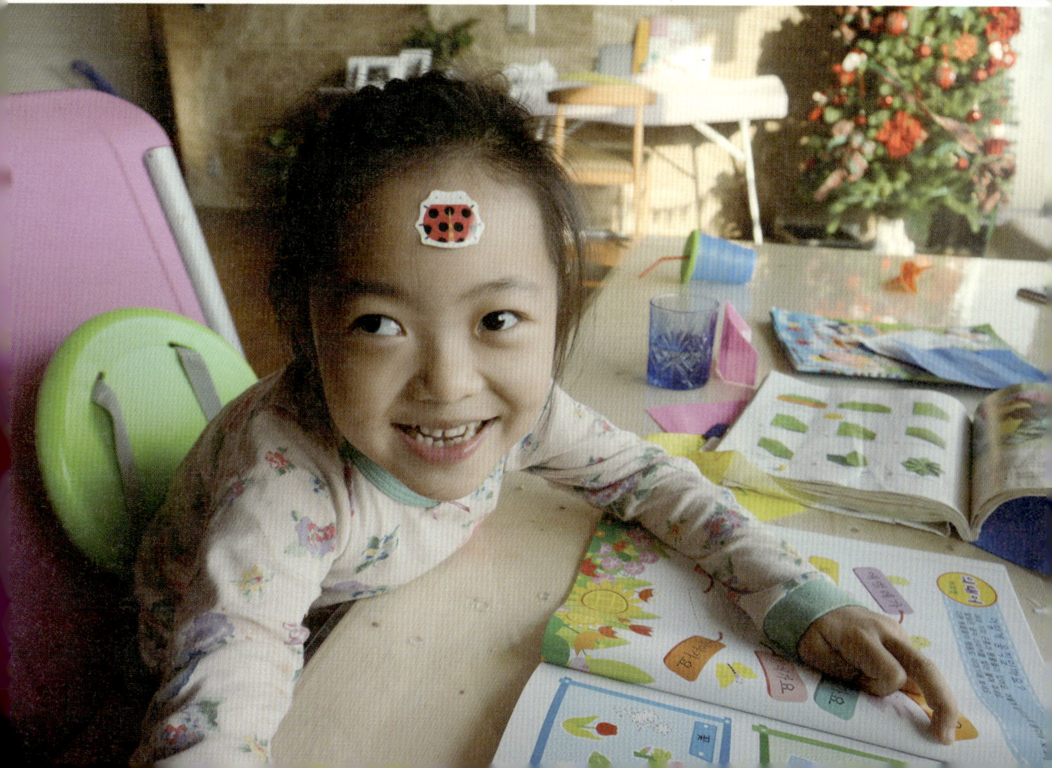

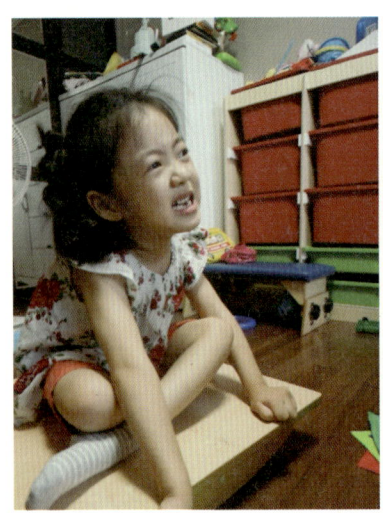

여섯 살   굳세어라 삼남매

일곱 살

세상 속으로 걷다

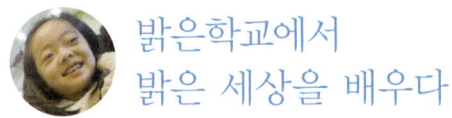
밝은학교에서
밝은 세상을 배우다

밝은학교를 다니며 가장 밝아진 건…… 바로 저예요.
선생님들이 장애아들을 사랑으로 돌봐주시고,
사랑한다 표현해주시니
'온유가 사랑받기 위해 태어난 아이구나.'라고 생각하게 되었습니다.

또 매주 밖으로 나가 세상에 우리 아이들을 보여주는 일을 하니
엄마가 장애아와 함께하는 것이 담대해지고 당당해졌죠.

밝은학교에서의 2년.
세상 속에서 비장애인들과 함께하는 것이
불편한 일이 아니라는 것을 깨달은 귀한 시간이었습니다.
밝은학교에서 배운 대로 온유와 리안이, 시안이, 그리고 저는
열심히 세상에 우리를 드러냅니다.

도움이 필요할 땐 도움을 청해요.
그러면 대부분 기쁘게 도와주시죠.
도움을 주신 분들도 참 뿌듯하셨을 거예요.
그건 우리 온유가 드린 선물이라 생각해요.
사람들의 가슴 한편에 있는 따스함을 꺼내주는 일.
우리 온유가 잘하는 일이에요.

어느 날, 우리 애들을 데리고 새로 생긴 키즈카페에 갔어요.
큰 규모의 키즈카페라 온유의 유모차를 가지고 들어가야 했습니다.
그러나 직원 분께서는 안 된다고 하더라구요.
"온유는 걷지 못해요.
두 동생들과 함께 키즈카페에서 놀고 싶은데……
제가 온유를 안고 들어가 놀기엔 온유 덩치가 커서 무리예요.
온유는 원래 큰 장애인 유모차를 쓰는데,
다른 사람들 불편하지 않게 작은 유모차를 가지고 온 거예요.
워터파크에도 물티슈로 바퀴를 깨끗이 닦은 다음 들어가곤 해요."
하지만 직원 분께서 다른 엄마들이 싫어할 것 같다고 하네요.

"딱 봐도 몸이 불편한 아이라는 걸 알 텐데……
여기 다들 아이 엄마잖아요. 싫어하지 않을 거예요.
혹시나 이야기하는 분들이 계시면 제가 잘 설명할게요."
조금 난감해 하셨지만, 알았다며 들어가라고 해주셨습니다.
리안이와 시안이는 신이 나서 뛰어 들어가고,
저는 유모차의 바퀴를 열심히 닦고 있는데……
다른 직원 분들 몇이 와서는
"뭐야? 뭐야?"라며 수군거리는 소리가 등 뒤로 들렸어요.
그럴수록 저는 더욱 당당히 온유를 보여줍니다.

그 직원 분들이 장애를 가지고 키즈카페에 놀러 온 아이를
처음 봤을 수도 있으니까요. 한 번도 경험하지 못해서,
우리 온유의 장애가 낯설어서 그런 것일 수도 있으니까요.
다른 사람들이 장애를 편히 받아들일 수 있게,
그래서 다음에 다른 장애아들을 만났을 때 낯설지 않게……
밝은 미소의 온유는 오늘도 출동합니다.

 달팽이

온유야!
우린 달팽이지만, 게으른 달팽이는 되지 말자.
천천히 가는 대신 지치지 말고 변함없이
늘 한결같은 부지런한 달팽이가 되자꾸나!

일곱 살 세상 속으로 걷다

온유의
봄

일곱 살   세상 속으로 걷다

일곱 살　세상 속으로 걷다

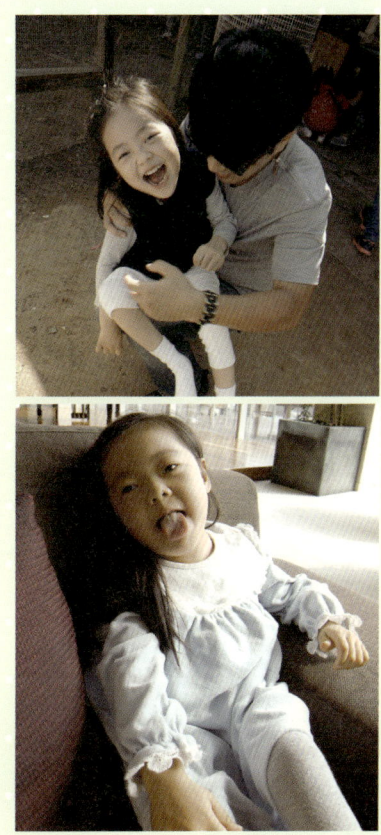

/ 온유의
/ 여름

일곱 살   세상 속으로 걷다

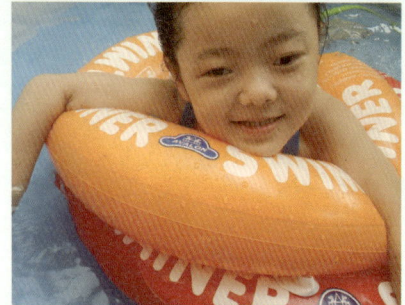

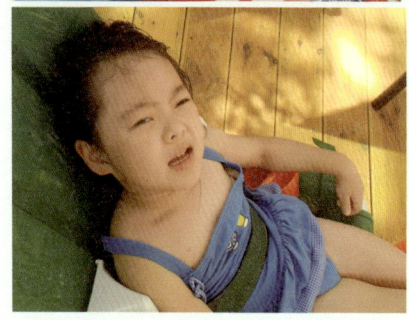

일곱 살　세상 속으로 걷다

일곱 살 세상 속으로 걷다

온유의
가을

일곱 살   세상 속으로 걷다

일곱 살 세상 속으로 걷다

온유의
겨울

일곱 살　세상 속으로 걷다

일곱 살   세상 속으로 걷다

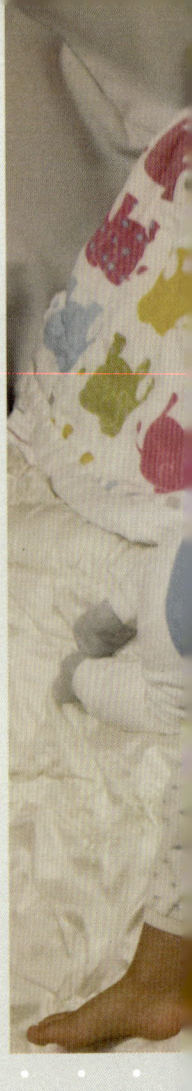

일곱 살   세상 속으로 걷다

일곱 살   세상 속으로 걷다

멋지다, 삼남매

삼남매의 목욕을 시키고 있는데
'따르릉~' 온유 경기 약 알람이 울려요.

"온유 누나 약 가져올게. 리안아! 누나 좀 봐줘, 부탁해."
이렇게 말하고는 주방으로 뛰어갑니다.
"엄마! 내가 온유 꼭 잡아줘요. 걱정 마요!"
목청 높이는 리안이 목소리가 들려요.

걱정 말라더니, 정말로 온유 손을 꼭 잡고
온유가 쓰러질까 봐 옆에 딱 붙어 서서
"온유! 리안이가 다리도 잡아줄게!" 합니다.
온유는 애인에게 하듯 한껏 애교 섞인 목소리로
"리안아~ 도와줘~" 하네요.

온유는 도움을 받아 기쁘고,
리안이는 도움을 주어 뿌듯했을
저녁 목욕 시간입니다.

일곱 살　세상 속으로 걷다

 첫 바다

끝없이 드넓은 바다에서
자유로운 온유 모습에 가슴이 벅차오릅니다.
이 넓은 세상 속에서도 웃음 짓는
온유가 되길 기대하고 기도해 봅니다.

일곱 살　　세상 속으로 걷다

 ## 재활 승마

뇌성마비 아이들에게 좋다고 하여
늘 생각하고 있던 재활 승마 치료!
온유가 동물을 너무 무서워해서 빨리 시작하진 못했죠.
동물박물관, 동물원 등을 다니며
동물에 대한 두려움을 조금씩 떨쳐낼 수 있게 해주었어요.
그리고 이젠 리안이가 함께 할 수 있으니 도전해 보기로 했지요.

그런데 처음으로 말을 탄 온유가 웃어요.
"재밌다, 재밌다." 하면서요.

"온유야! 말 타는 거 어땠어?"
"무서웠어."
"그래? 우리 다음에 또 올 건데?"

일곱 살   세상 속으로 걷다

"리안이는 재밌었어. 또 탈 거야!"
"온유는 무서웠어. 또 탈 거야."

그래 온유야, 무서웠구나.
그래도 또 타겠다고 해주니 고마워.

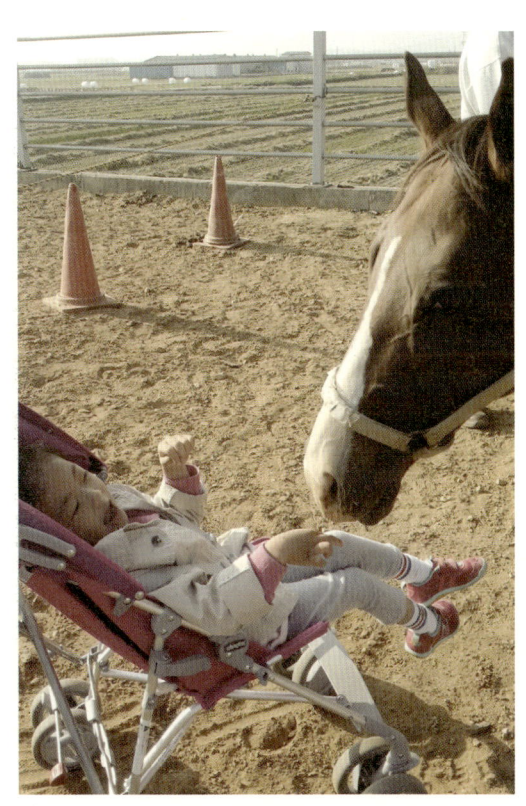

여덟 살

우리가 행복할 것을 믿어요

 ## 수치료

온유가 물을 엄청 좋아해서 항상 즐거운 치료 시간.
다리를 교차해가며 발장구를 치기도 하고
이젠 손을 휘저어가며 방향도 바꿉니다.
스스로 움직일 수 있다는 즐거움이 온유 표정에서 느껴집니다.
자기가 가고 싶은 곳으로 갈 수 있는 것이 얼마나 큰 축복인지
사람들은 알까요?

온유야!
너는 홀로 걸을 수 있는 축복을 못 받은 것이 아니란다.
넌 그것의 중요함을 깨닫고 노력하는 삶을 살 수 있는
축복을 받은 거야.
이 세상에는 자기가 가진 것에도 감사할 줄 모르고
불행하다고 투정 부리는 사람들이 얼마나 많은지 몰라.

가지고 있는데도 축복이라 생각하지 못하고 불행하다고 하면
그것이 더 안타까운 인생이란다.
온유는 작은 것의, 당연한 것의 귀함을 알고
주어진 것에 감사하니 그것이 참된 축복이란다.
또 주어진 것에서 더 발전되도록 노력하니
어찌 사랑스럽게 보이지 않을 수 있겠니?
이 세상에서 특별한 존재로 살아가라 하셨으니
그렇게 살아보자.

온유가 좋아하는 수치료 시간.
스스로 움직일 수 있어서 즐겁습니다.

 특수
자전거

어떤 기업에서 기부해 준 특수자전거.
그 도움의 손길을 감사하게 잡았습니다.

받음에 감사하고
감사함을 표현하며 살겠습니다.

나눔의 기쁨이 번져가는 멋진 사회를 꿈꾸어 봅니다.

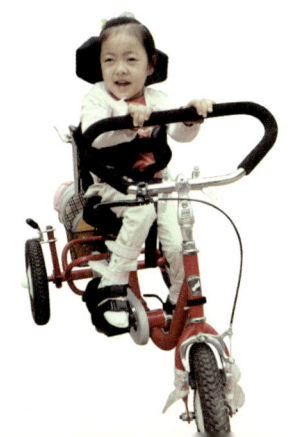

여덟 살   우리가 행복할 것을 믿어요

여덟 살　우리가 행복할 것을 믿어요

보톡스 시술

대개 뇌성마비 장애아들은 키가 크고 뼈도 자라는데,
근육은 강직되기 때문에 뼈에 변형이 옵니다.
다리가 휘기도 하고, 팔의 근육 강직이 심하면
팔을 펼 수도 없게 되죠.

자라면서 근육을 늘리는 수술을 하게 되는데
어릴 때는 보통 수술보다는 보톡스 주사를 맞습니다.
보톡스 주사는 3개월에서 6개월 정도 근육의 이완을 도와줍니다.
시술 후 근육이 이완되었을 때 집중적으로 치료를 해서
근육의 강직을 풀어주는 거예요.

온유가 아기 때는 손에도 보톡스를 맞아야 했어요.
그래서 수술실에서 수면마취를 하고 보톡스를 맞았죠.

수면마취를 통한 보톡스 시술.
수술실 앞에서 두 손 모아 기도하던 시간들이 생각나네요.
수술 대기실의 공기는 늘…… 엄숙하고 슬프고 힘들었어요.

온유가 경기를 시작하고 나서는
모든 것이 더욱 조심스러워졌어요.
강직이 심해져서 신경차단술을 권유받았지만,
경기로 인해 수술실에 들어갈 수가 없어졌지요.
수술하고 나서 경기파가 변할 수 있기 때문이에요.

그래서 보톡스도 수면마취 없이 마취약만 바르고
주사실에서 시술을 받게 되었습니다.
손에 강직이 있어도 수술실에 들어갈 수 없으니 방법이 없어요.
양하지(허벅지와 종아리, 발목 등)에 주사를 여러 번 맞아야 합니다.
수십 번 찔러대는 주사바늘을 잠들지도 않은 채 이겨내야 하니
온유에겐 두려움과의 싸움이 더욱 커진 셈이에요.

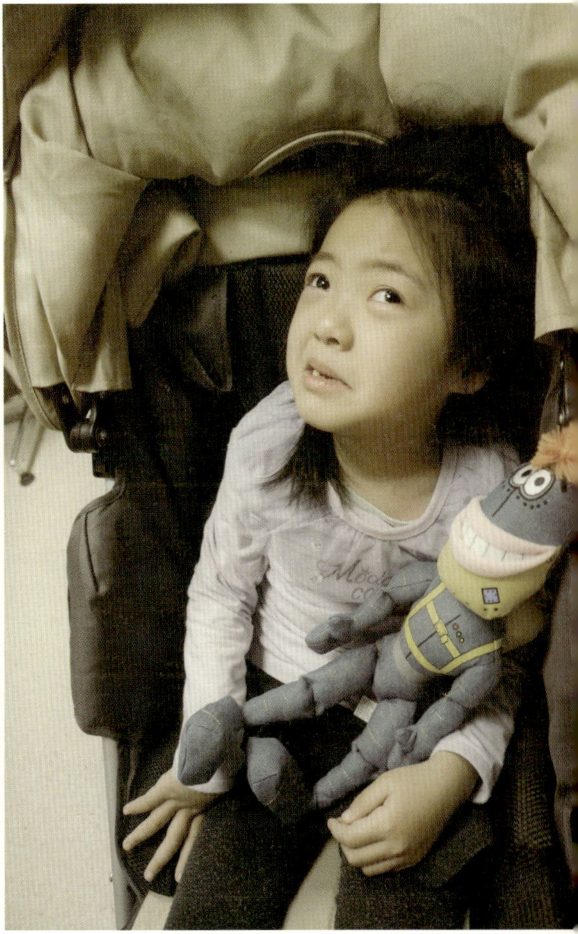

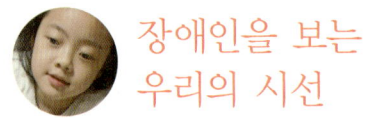
장애인을 보는 우리의 시선

그냥…… 이랬으면 좋겠어요.
장애인을 편하게 바라볼 수 있었으면 좋겠어요.

장애인과 그의 가족들도
비장애인들이 바라보는 시선을 불편하게 느끼지 않길,
감동으로 다가오는 도움의 손길을
동정이라 생각하지 않길 바랍니다.

예전에 아는 언니가 그러더라구요.
친하게 지내는 동네 아줌마가 놀러 왔는데,
언니의 아픈 아이를 보고는 '내 아이는 아프지 않고 건강해서
참 감사하다고 느낀다'는 이야기를 했대요.

여덟 살   우리가 행복할 것을 믿어요

언니는 그 말을 듣고 '나의 불행을 보고 남들은 자기의 것에
안도하는구나.'라고 느꼈고, 매우 기분이 안 좋았대요.
저는 이렇게 말했어요.
"언니는 그렇게 느꼈어? 난 우리 아이들이 존재 그 자체만으로도
남들에게 감동을 주고 그들의 삶을 돌아보게 하며
남들에게 감사함을 느끼게 만드는 정말 멋진 재주를 지닌
아이들이라 생각해.
존재 자체가 감동이 되는 멋진 아이들이잖아.
난 사람들이 온유를 보고 자기 아이들을 더욱 사랑하게 되고
그들의 삶에 감사함을 느낀다는 것이 무척 기쁜데.
그런 능력을 가진 온유가 엄청 멋지게 느껴지는데……."

'착각하며 살자!'
제가 가끔씩 스스로 다짐하는 말이에요.
우리를 감동의 눈으로 바라본다고 착각하자.
난 행복하다고 착각하자.
이 정도 어려움은 모두가 겪는 일이니

나의 어려움은 아무것도 아니라고 착각하자.

착각이 아니고 진실일지도 몰라요.
아무튼…… 뭐든…… 나 좋게 착각해버려요.
도덕적이고 윤리적인 선에서요.

언니의 친구 분은 표현이 서툴러 그렇게 말한 걸 거예요.
진짜 속마음은 이런 게 아니었을까요?
'아픈 아이를 사랑으로 키우는 너의 모습을 통해 감동을 얻고,
그로 인해 내 삶이 감사하다는 것을 느끼게 되었다.'
이런 말을 하고 싶었을 거라고…… 착각해 봅니다.

여덟 살   우리가 행복할 것을 믿어요

이쁜 삼남매

온유 : 리안이 이쁘다!
리안 : 응!

리안 군이 대답하더니 온유 볼에 뽀뽀를 '쪽!' 합니다.

동생들에게 고운 말 하는 온유가 고맙고,
의젓하게 동생과 누나를 챙기는 리안이가 듬직하며,
언제나 함박웃음인 시안이가 참 예쁩니다.

여덟 살   우리가 행복할 것을 믿어요

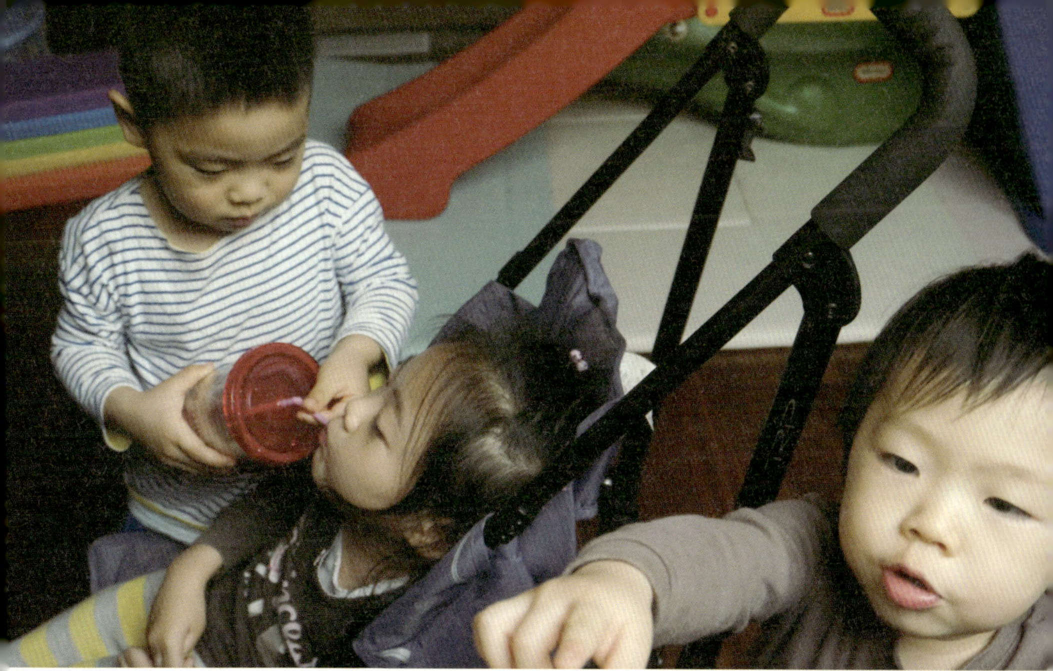

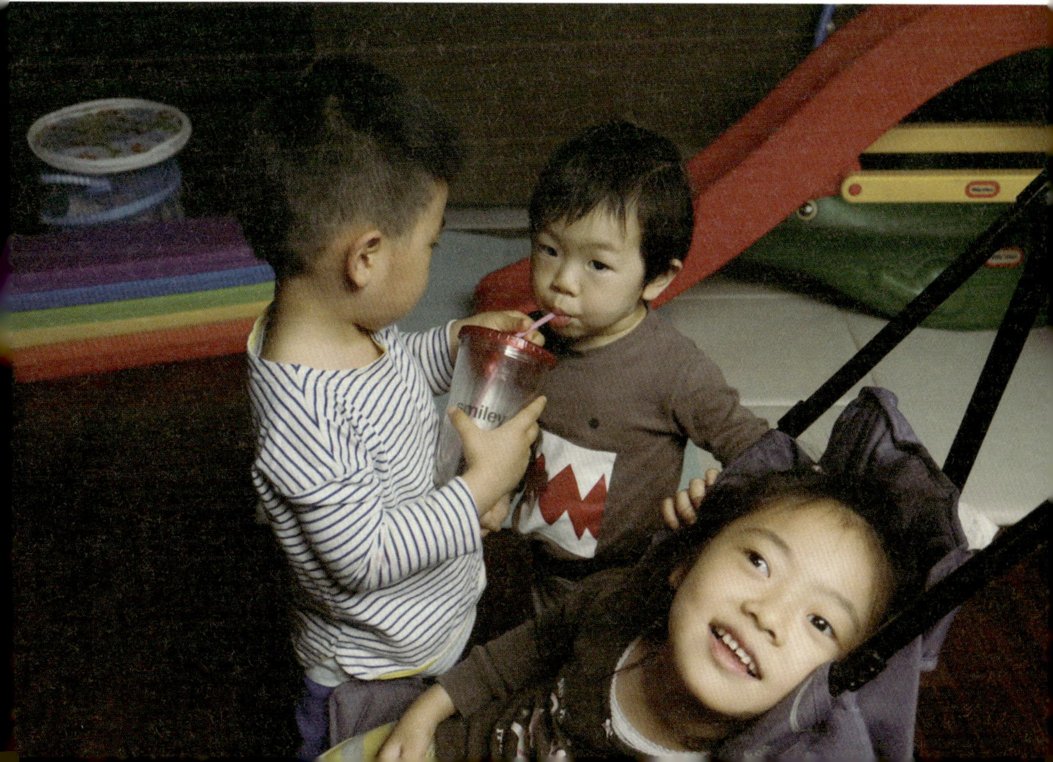
smiley

또 다른 도전

온유가 앉기에 도전한 지 1년이 지났어요.
병원에서 보조기를 맞추고 나서 담당 교수님을 뵙던 날,
또 다른 도전이 시작됐어요.

서기!

교수님 방에 들어가 교수님과 이런저런 이야기를 하고 있던 중
갑자기 온유를 세워보라고 하시더라구요.
저는 순간 이런 생각이 들었어요.
'교수님께서 온유를 너무 오랜만에 보셔서 다른 아이와 착각하셨나?
아니면 보조기가 잘 맞춰졌나 보시려고 그러는 건가?
기기도 힘들어하고 혼자 앉지도 못하는 온유를 세워보라니……'
뚱하게 생각에 잠겨 있는데,

여덟 살   우리가 행복할 것을 믿어요

"세워봐! 걷는 연습 안 시켜?"
"네? 걷는 연습은 안 하죠. 아직도 배근육 운동만 해요."
그러자 교수님께서 벌떡 일어나시더니
온유를 일으켜 세우는 거예요.

온유도 잘하고 싶었는지, 다리에 힘을 써가며 서 있더라구요.
교수님께서 등만 조금 잡아주었는데…….
서 있는 온유의 모습을 보고 저는
'다시 한번 도약할 시기가 왔구나.' 하고 느꼈답니다.

1년 전, '할 수 있을까?' 걱정하며 온유를 일반의자에 앉혔을 때
곧잘 앉아 있던 온유의 모습을 보고 두근거렸던
그 느낌을 다시 느끼게 되었어요.
그날부터 온유의 서기 연습은 시작되었습니다.

첫 서기 연습하던 날.
온유는 다리가 아프다며 안 하고 싶다고 울먹거렸어요.

"온유야! 너 처음 의자에 앉던 날도 많이 불안해했고 자꾸 넘어졌고
이마에 혹 난 적도 있고 그랬잖아. 그런데 지금은 잘 안 넘어지잖아.
오히려 온유 의자에 앉는 거 제일 좋아하게 됐잖아.
온유 변기에 쉬할 때도 이제 엄마가 안 잡아줘도 되지?
거 봐. 처음엔 다 힘든 거야.
서 있는 것도 지금은 다리 많이 아프고 자꾸 넘어져서 하기 싫지만,
자꾸 하다 보면 다리도 조금만 아플 거고 잘 안 넘어질 거야.
온유 서서 놀이 하라고 엄마가 색종이도 많이 사와야겠다.
높은 책상도 맞춰야겠다. 그치?
온유가 이제부터는 멋지게 서서도 공부할 수 있게 되는 거야.
와…… 멋지겠다!"

이렇게 격려해주며 최대한 시간을 끌었습니다.

일어서 있는 누나가 신기하고 좋은 동생들은
자기들도 서 있겠다고 하고,
또 누나 넘어지지 않게 잡아주겠다고 서로 경쟁하기도 합니다.

온유는 혼자 서 있는 것도 위태로운데,
손잡아 준다며 흔드는 손길이 부담스러운지 표정이 좋지 않아요.

하지만 애써 힘주며 서 있는 온유!

아직은 자세도 다 잡아줘야 하고, 자꾸만 넘어져서
온유의 곁을 항상 지켜야 해요.
온유를 운동시키고 나면 저도 땀범벅이 되지요.
손도 역기 200번 든 것처럼 힘줄이 성을 내며 튀어나와요.
온유가 커가면서 저의 여리여리 곱던 손은 온데간데 없네요.

/ 또 다른
도전 /

독수리 권법으로
중심을 잡아요.

리안 군과 시안 군의
참견으로 온유 누나는
평정심을 유지하기 힘들어지고,
결국 균형이 깨지네요.

 너의 몫

스스로 몸을 움직이는 것을 예전보다 훨씬 힘들어하고
훨씬 더 안 하려고 하는 온유.

몸이 더 불편해진 걸까?
아님 귀찮고 힘들어서일까?

리안이 시안이와 함께 온유 옆에서
"온유 파이팅! 힘내라!" 하며 소리 내어 응원해요.
거실에서 안방까지 기어가는 시간이 30분도 더 걸립니다.
땀범벅이 된 온유.

약속한 곳까지 기어와서 하는 말.
"엄마! 힘들었어. 안아줘."

여덟 살   우리가 행복할 것을 믿어요

그래, 온유야.

엄마는 널 그저 꼭 안아주는 것밖엔 할 수 없어.

힘든 것, 이겨내야 하는 것은 온유의 몫이란다.

즐겁게 이겨내길 바랄게.

필요할 땐 엄마가 언제든 꼭 안아줄게.

여덟 살　　우리가 행복할 것을 믿어요

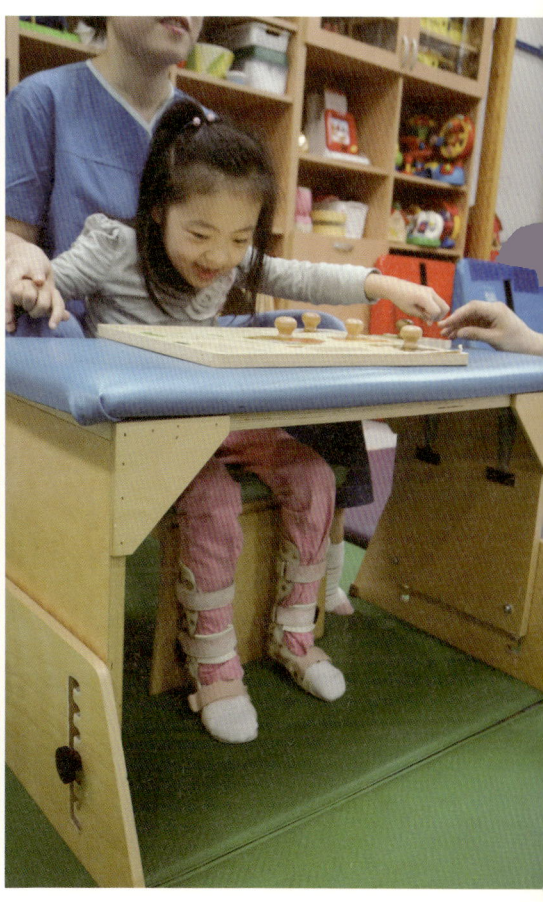

 불쌍한 게
아니에요

누군가가 말했어요.
"온유의 삶은 장애인치고는 불쌍하지 않다."

장애인의 삶이 불쌍해야만 하나요?
다른 형태의 어려움이 있는 것일 뿐이라고 생각해요.
건강한 사람들의 삶에는 어려움이 없나요?
어려움, 그것이 문제가 아니죠.
그것을 어떻게 이겨내며 사느냐가 문제예요.
온유는 어려움을 행복하게 이겨내는 아이입니다.

누군가가 말했어요.
"얼굴은 예쁜데 어쩌다가 이렇게 됐을까? 아이구 불쌍해라."

여덟 살   우리가 행복할 것을 믿어요

장애인의 삶을 사는 온유는,
조금 불편하지만 행복합니다.
조금의 도움이 있으면 무엇이든 할 수 있습니다.
바라보고 웃어주세요.
바라보고 함께 울어주세요.
바라보며 온유의 미래를 격려해 주세요.
그러면 온유도 웃어요.

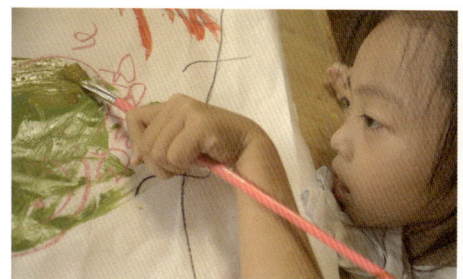

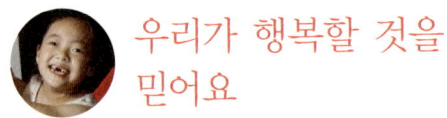

우리가 행복할 것을 믿어요

어느 날….
아침부터 일진이 좋지 않은 날이었죠.
앞이 보이지 않을 정도로 비가 쏟아지는데
앞차가 부앙~ 하고 물폭탄을 쏟아부으니 앞이 하나도 안 보여요.

그런데 우리 리안 군, 옆에서 잠도 안 자고 까르르 웃네요.
"리안아! 리안이는 비가 이렇게 많이 오고 물이 부앙~ 하는데도
하나도 안 무섭고 그게 그냥 웃기지?"
"응, 웃겨!"
"왜 안 무섭고 웃긴 줄 알아?"
"몰라."
"리안이가 엄마를 믿어서 그래.
엄마가 안전하게 운전할 거라고 믿으니까

여덟 살   우리가 행복할 것을 믿어요

비 오는 게 하나도 안 무섭고, 사고 날까 걱정도 안 되는 거야.
믿음이 있으니까! 믿음!
그래서 사람은 믿음이 있어야 해.
믿음을 가지고 있는 사람은 어려움이 와도 무섭지 않아.
그리고 모두 이겨낼 수 있는 거야."
"믿음?"
"응, 믿음. 리안이가 '나는 멋있는 사람'이라고 믿으면
멋있는 사람이 될 수 있는 거야."
"멋있는 사람? 엄마처럼?"
"리안이는 엄마가 멋있는 사람 같아?"
"응! 나도 엄마처럼 멋있는 사람 될 거야.
밥 잘 먹고 쑥쑥 커서 힘도 세질 거야.
그리고 온유도 밥 잘 먹고 일어설 수 있어!"
"고마워, 리안아. 엄마 멋진 사람이라고 해줘서 기분 정말 좋아.
리안이는 밥 잘 먹어서 쑥쑥 크면 엄마처럼 멋진… 아빠 되는 거야.
그리고 온유 누나도 그럼… 일어설 수 있지!
그리고 밥 더 잘 먹어서 걸을 수도 있어!"

"응, 맞아. 난 힘이 세.
온유! 내가 도와줄게. 힘들면 나 불러!
내가 온유 지켜줄 거야!"

뒤에 앉은 온유가 "리안아, 도와줘!" 하며 미소를 짓네요.
리안이 말에 기분이 좋은지 애교도 부립니다.
"리안이 진짜 멋지다. 멋진 사람이 되려면
비도 맞아보고, 눈도 맞아보고, 번개 치는 것도 보고,
천둥소리도 듣고… 그렇게 많은 경험을 쌓아야 되는 거야.
그러니까 비 오는 것도, 눈 오는 것도 피하지 말고
다 경험하고 이겨내야 되는 거야.
그래야 멋진 리안이 돼."
"내일?"
"ㅋㅋ 내일은 넘 빠르구. ㅋㅋ"

온유가 일어설 수 있다고 말해주고, 믿어주는 리안이의 마음이
참 예쁘고, 저를 힘나게 합니다.

이 일 있고 얼마 후 온유에게 워커가 생겼죠.
리안이의 믿음대로 온유는 정말 일어날 수 있게 되었어요.

그렇다면… 다음은… 걷는 것!
믿습니다. 믿어보렵니다. 믿고 싶어요.
우리 온유가 행복하게 웃으며 믿음으로 이겨내는 모습을요.

믿습니다. 믿어보렵니다. 믿고 싶어요.
우리 온유가 행복하게 웃으며
믿음으로 이겨내는 모습을요.

에필로그

다시 한 걸음

내 아이가 장애가 있다는 사실과 마주했을 때
저는 참 두려웠습니다.
아이의 장애를 받아들여야 한다는 사실이 두려웠고,
아이를 어떻게 키워야 하는지 몰라서 두려웠고,
아이와 나의 미래가 어떻게 펼쳐질지 몰라 두려웠죠.

장애를 가진 자식과 함께 살아가는 부모님,
그리고 형제자매들에게 작은 위로의 책이 되길 바랍니다.

조금 더 욕심을 내어,
비장애인의 삶에도 온유의 이야기가 감동으로 다가가길 바랍니다.

온유 : 뇌성마비 소녀의 엉금엉금 성장기

초판 1쇄 발행 2015년 8월 6일
개정판 1쇄 발행 2016년 9월 5일

지은이 김은혜
블로그 http://blog.naver.com/keh0057

기획 김은혜
편집 문성환
디자인 *design* 공·상

펴낸이 조준철
펴낸곳 도서출판 빅애플

주소 서울시 강남구 언주로 626, 1101호(논현동, 논현로얄팰리스)
전화 02-544-2010
홈페이지 www.BigA.co.kr
출판등록 제393-2007-00001호

ISBN 978-89-98806-39-2 13590

❖ 이 책의 판권은 지은이와 도서출판 빅애플에 있습니다.
❖ 이 책 내용의 전부 또는 일부를 재사용하려면 반드시 서면 동의를 받아야 합니다.
❖ 책값은 뒤표지에 있습니다.